AF538036

S
V
H

Basiswissen Grundschule

Band 24

Manchmal muss man an den Tod denken ...

Wege der Enttabuisierung von Sterben, Tod und Trauer in der Grundschule

3. vollst. überarbeitete Auflage

Von

Sven Jennessen

Schneider Verlag Hohengehren GmbH

Basiswissen Grundschule

Herausgegeben von:
Band 1 bis 18: Jürgen Bennack
Ab Band 19: Astrid Kaiser

Die Reihe „Basiswissen Grundschule" ist einem schüler- und handlungsorientierten, offenen Unterricht verpflichtet, der auf die Stärkung einer selbstständigen, sozial verantwortlichen Schülerpersönlichkeit zielt.

Titelbild: Sven Jennessen privat

Gedruckt auf umweltfreundlichem Papier (chlor- und säurefrei hergestellt).

Bibliografische Information der Deutschen Nationalbibliothek

Die Deutsche Nationalbibliothek verzeichnet diese Publikation in der Deutschen Nationalbibliografie; detaillierte bibliografische Daten sind im Internet über ›http://dnb.dnb.de‹ abrufbar.

ISBN 978-3-8340-2149-6

Schneider Verlag Hohengehren, Wilhelmstr. 13, 73666 Baltmannsweiler

Homepage: www.paedagogik.de

Printed in Germany – Druck: Format Druck GmbH, Stuttgart

Lange saßen sie dort und hatten es schwer,
doch sie hatten es gemeinsam schwer,
und es war ein Trost.
Leicht war es trotzdem nicht.

(Aus: *Gebrüder Löwenherz* von Astrid Lindgren)

Inhaltsverzeichnis

Vorwort zur 3. Auflage durch die Herausgeberin der Reihe

Pädagogische Umgangswege mit Tod und Sterben

Der Tod hat im Zuge der Corona-Pandemie gesellschaftlich einen neuen Stellenwert bekommen. In den Medien wird über Todeszahlen berichtet. Todkranke Menschen werden über Filmaufnahmen sichtbar gemacht. In den Alltagsgesprächen in Familien wird das Thema plötzlich präsent und nicht wie vor wenigen Jahren weitgehend verdrängt. Aber Kinder werden weiter in ihren Gefühlen allein gelassen. Auch Lehrerinnen und Lehrer stehen diesem zum Leben gehörenden schweren Ende hilflos gegenüber. In einem Gesprächskreis einer Grundschule konnte ich beobachten, wie ein Gesprächsstein von Kind zu Kind weiter gegeben wurde. Wer den Stein in der Hand hielt, durfte etwas sagen. Ein Kind blickte kaum in die Runde, sondern nur nach unten auf den Stein und flüsterte: "Gestern ist mein Opa gestorben." Die Lehrerin organisierte nur den Unterrichtsverlauf und hörte dem Kind nicht wirklich zu. Ihre Reaktion auf diese für das Kind bewegende Aussage war: „Schön, weiter!" Nun sollte das nächste Kind etwas von den Wochenenderlebnissen berichten. Das Kind mit der Verlusterfahrung blieb allein. Derartige Reaktionen sind nicht nur ein Ausdruck fehlender Empathie, sondern auch der Hilflosigkeit, mit einer derart schweren Thematik umzugehen. Von daher ist es außerordentlich verdienstvoll, dass Sven Jennessen nach schulpädagogischen Wegen für jüngere Altersstufen im Umgang mit Tod, Trauer und Sterben gesucht hat und sie jetzt in zweiter Auflage als Buch vorlegt.

Er nennt viele Beispiele, wie Kindern diese Thematik alltäglich erfahren können und kontrastiert dies mit den vielfältigen Schattierungen von Tabuisierung unter dem Motto: „Tod? Nein Danke!" Er sieht allerdings mit der Hospizbewegung anfangend die Chance für eine allmähliche Ent-Tabuisierung.

Er kritisiert an den Schul-Lesebüchern, wie wenig realistisch diese Thematik – wenn sie behandelt wird – aufgegriffen wird und wie die Medien insgesamt Kindern nicht genug Unterstützung in dieser Frage geben.

Der Verfasser zeigt auch an gesellschaftlichen Beispielen wie der Trauerkultur im Internet und Veränderungen von Ritualen der Bestattung – vom ästhetisch gestalteten Grassarg bis zur anonymen Bestattung, wie sich die gesellschaftliche Sicht geändert hat. Am Beispiel der Verlagerung des Todes in Institutionen zeigt er die Komplexität auf, in der schulpädagogisch gearbeitet werden kann.

Er analysiert das vorhandene didaktische Material kritisch und begründet seine Empfehlungen klar und präzise.

Sven Jennessen hat es mit diesem Buch gewagt, Lehrerinnen und Lehrern an Grundschulen Praxishilfen zu geben, damit dieses Tabuthema nicht weiter vergessen wird, denn Kinder brauchen Antworten auf ihre Fragen und die haben sie zum Thema Tod schon sehr früh.

Deshalb zeigt er auf, welche gesellschaftlichen und sozialpsychologischen Mechanismen Kinder und Jugendlichen von einer produktiven Auseinandersetzung mit der Thematik fernhalten. Er begründet sehr ausführlich, welche Chancen dieses Thema in der Schule bietet und entwickelt drei grundlegende Wege für die Praxis, nämlich als Teil der Schulkultur, als Fokus für kollegiale Kommunikation und als Moment schulischer Rituale.

Er will mit seinen Materialien Lehrerinnen und Lehrer befähigen, fachliche und persönliche Kompetenzen zur Thematik aufzubauen. Dabei ist es ihm sehr wichtig, eine Sicht auf das System Schule zu eröffnen und nicht nur isolierte Vorschläge zu formulieren. Deshalb spielt für ihn diese Frage vor allem in Verbindung zur Schulkultur eine zentrale Rolle.

Aus seinen Forschungsergebnissen bringt er viele Beispiele dafür, wie was Kinder mit dem Tod verbinden, aber auch was Lehrerinnen und Lehrer über den Umgang mit dieser Thematik denken, darin sind viele Hilfen zur anknüpfenden didaktischen Reflexion erhalten. Aber es wird in diesem Buch auch deutlich, wie verunsichernd die Kommunikationsweise der Erwachsenen ist, wenn sie mit Kindern darüber sprechen. Nicht ohne Grund wird deutlich, wie wichtig gerade an Grundschulen, die zunehmen durch Integrationsmaßnahmen progredient erkrankte Kinder unterricht, die Qualifikation für den Umgang mit diesen Kindern ist. Dieses Buch bietet für eine Qualifizierung von Lehrpersonen ausgezeichnete Grundlagen, Handlungsleitlinien und konkrete didaktische Bausteine für Fortbildungsveranstaltungen sind gute Wegmarken für die Praxis. Dies gilt auch für die konkreten unterrichtlichen Vorschläge, die mit Orten für Unterrichtsgänge, Vorschlägen von Schulpartnerschaften mit Einrichtungen in der Region beginnen und über die Verankerung im Schulprogramm sowie kompetenten Anregungen zur Teamarbeit im Kollegium und zu Fallbesprechungen bis hin zu differenzierten Vorschläge zur Integration von Ritualen reichen. Besonders die Abschiedsrituale werden in ihrer besonderen Bedeutung für den Umgang mit Tod und Trauer näher vorgestellt. Teilweise werden sehr berührende Praxisberichte dargestellt wie der letzte Besuch eines sterbenden Kindes in seiner Schulklasse.

Aber auch für die Gestaltung von Orten der Erinnerung gibt es reichlich viel und plastisch beschriebene Praxisanregungen.

Dieses Buch sollte ein Grundlagenbuch für sozial-emotionale Fortbildung an Schulen werden und in jeder Schulbibliothek stehen

Oldenburg, im Frühjahr 2021 Astrid Kaiser

1. Einleitung

(Aus: *Und was kommt dann? Das Kinderbuch vom Tod* von Pernilla Stalfelt)

1.1 Was dieses Buch möchte

Die Themen Sterben, Tod und Trauer beschäftigen Menschen in jedem Alter und in allen Lebenssituationen. Dieses Interesse des Menschen an seiner eigenen Endlichkeit und dem Tod ist so alt wie die Menschheit selbst. Auch Kinder begegnen dem Tod. Sie finden ein totes Tier im Wald oder auf der Straße, verlieren Angehörige oder Freunde durch Krankheit oder Unfälle oder erkranken selbst lebensbedrohlich. Über die Art und Weise dieser Begegnungen, die damit einhergehenden Gedanken, Gefühle und Todesvorstellungen von Kindern ist in der psychologischen, soziologischen und pädagogischen Forschung bislang jedoch weit weniger bekannt als dies für den Umgang Erwachsener mit thanatalen[1] Themen festzustellen ist. Eine mögliche Erklärung dafür könnte darin bestehen, dass die gedankliche Verbindung von Kindern und Tod für Erwachsene äußerst unangenehm ist und

[1] Thanatos (gr.): der Tod; thanatal: auf den Tod bezogen

unangemessen zu sein scheint: Mit Kindern werden Wachstum und Zukunft verbunden, der Tod hingegen steht für das Ende des Lebens.

Dennoch ist die Auseinandersetzung mit Tod Bestandteil der geistig-seelischen Entwicklung von Kindern. So formt sich in Prozessen der fortwährenden Reifung ein Todeskonzept, das von kulturellen, sozialen, religiösen, familialen und unmittelbaren Aspekten der persönlichen Erfahrung geprägt ist. Somit ist das jeweilige Todeskonzept eines Kindes immer ein individuelles – das sich schrittweise zu einem reifen Todeskonzept ausdifferenziert und aus kognitiven sowie emotionalen Elementen besteht.

Zu den kognitiven Bestandteilen des reifen Todeskonzeptes werden nach WITTKOWSKI (1990) folgende Bestandteile gezählt:

Abb. 1 Bestandteile eines reifen Todeskonzeptes

„Insbesondere in Bezug auf sehr kleine Kinder, deren verbale Ausdrucksmöglichkeiten begrenzt sind, die aber trotzdem sehr stark emotional auf einen Verlust reagieren, scheint es sich zu bewahrheiten, dass ein „intuitives Wissen" über den Tod ausreicht, um sein „Wesen" zu verstehen" (RÖSEBERG 2017, 85). Aus vereinzelt vorliegenden Forschungsarbeiten ist bekannt, dass bei Kindern zwischen dem dritten und fünften Lebensjahr die Beschäftigung mit dem Tod einsetzt (vgl. RAMACHERS 1994). Zum Eintritt in die Schule besteht demnach bereits ein gewisses Verständnis für die Endlichkeit des Lebens und somit für das „Wesen" des Todes. Die schulische Auseinandersetzung mit thanatalen Themen ist also damit begründbar, dass Sterben und Tod in der kindlichen Erfahrungs- und Gefühlswelt real existieren. Auch das eher philosophische Argument, dass der Mensch seine Identität vor allem daraus gewinne, dass er weiß, dass er sterben muss, und somit auch daraus, dass er mit dieser Tatsache leben muss, ist ein Grund, warum sich Pädagogik und Schule mit diesem Thema beschäftigen sollten.

Seit dem Jahr 2020 hat der Themenkreis schwere Krankheit, Sterben und Tod auf völlig neuem Weg in das Leben aller Menschen Einzug gehalten: Die Corona-Pandemie hat als diffuse und zugleich sehr konkrete Bedrohung das Leben geprägt. Für Kinder hat sich der Alltag radikal verändert: Freundinnen und Freunde dürfen nur noch sehr eingeschränkt getroffen werden, Kita und Schule fallen über viele Wochen aus, Ausflüge, Hobbies und Freizeitaktivitäten sind kaum möglich. Viele Kinder erleben auch, dass Kontakte zu Großeltern und Verwandten oder Freunden, die in irgendeiner Form als vorerkrankt gelten, kaum oder gar nicht möglich sind. Die Gründe sind hierbei gerade für kleine Kinder nur schwer nachvollziehbar: Ein unsichtbares Virus fliegt von Mensch zu Mensch und kann Krankheit und Tod bringen. Ängste und Verunsicherung sind die Folge. Neben den sehr konkreten Fragen von Grundschulkindern zu Übertragungswegen, Auswirkungen und Präventionsmöglichkeiten einer Infektion bringt die Situation diffuse Ängste vor dem Sterben mit sich. Mit diesen dürfen Kinder nicht alleine gelassen werden, sondern sie sind Auftrag an die Erwachsenen, sich den kindlichen Fragen und Themen zu stellen und diese ernsthaft und wahrheits- sowie entwicklungsgemäß zu beantworten. Die neue Dimension der Lebensbedrohung durch COVID-19 ist als pädagogisches Thema in die Neuauflage dieses Buches eingeflossen. Auch wenn die unmittelbare Bedrohung aller Voraussicht nach durch medizinische Intervention nachlässt, kann sie dauerhaft als ein Beispiel für jederzeit wiederkehrende Herausforderungen und Begegnungen von Kindern mit dem Thema Tod in exemplarischer Weise herangezogen werden.

Nicht erst seit der Corona-Pandemie ist das mögliche oder erfahrene Sterben von Tieren, Menschen und somit sogar Bezugspersonen ein Bestandteil kindlicher Erfahrungswelt. So sind alleine ca. 200.000 Kinder jährlich von einer Krebserkrankung eines Elternteils neu betroffen (vgl. DEUTSCHES KREBSFORSCHUNGSZENTRUM 2016).„Es scheint in der Natur der Sache zu liegen, dass wir Kinder vor dieser Erfahrung schützen, dass wir ihnen Leid ersparen wollen. Der Tod ist eine Erfahrung, vor der sich Schwerkranke und Sterbende, ihre Kinder oder Enkelkinder und auch Begleiter der Familie jedoch in der letzten Konsequenz nicht schützen können" (RÖSEBERG 2017, 82). Auch hier gilt es, dass es vor allem Aufgabe erwachsener Begleiter*innen ist, Kinder in dieser schweren Erfahrung zu begleiten, zu unterstützen und zu stärken. Dies geschieht nie, indem wir Ihnen Unwahrheiten erzählen und die Situation beschönigen, sondern ausschließlich durch stützende Offenheit und Transparenz. Eine sehr empfehlenswerte Broschüre des Deutschen Hospiz- und PalliativVerbandes e.V. widmet sich den Themen Abschied nehmender Kinder in den unterschiedlichsten Phasen eines Abschieds und zeigt Wege der Unterstützung, benötigte Kompetenzen in der Begleitung und konkrete Anlaufstellen und Materialien für diese Lebenssituation auf (vgl. DEUTSCHER HOSPIZ- UND PALLIATIVVERBAND e.V. 2017a)

Aber auch Kinder selbst werden schwer krank und erleben dadurch die Bedrohung des eigenen Lebens. Diese unmittelbare Konfrontation mit der Möglichkeit des Todes löst bei den Betroffenen häufig eine Vielzahl von existentiellen Fragen, Veränderungen ihres Lebens und physische wie psychische Belastungen aus. Diese Kinder und Jugendlichen benötigen auch in der Schule besondere Unterstützung und Begleitung, für die die dort tätigen Pädagoginnen und Pädagogen besondere Qualifikationen brauchen. Diese beziehen sich auf fachliches Wissen über medizinische und psychosoziale Aspekte lebensbedrohlicher Erkrankungen, Kenntnisse über methodisch-didaktische Möglichkeiten der Auseinandersetzung mit der Thematik und beinhalten auch persönliche Kompetenzen in Bezug auf die eigene Auseinandersetzung mit Sterben und Tod.

In der Literatur zu diesem Thema werden vor allem von den einzelnen Lehrerinnen und Lehrern eben diese fachlichen und persönlichen Kompetenzen gefordert. Diese Tatsache lässt vermuten, dass Lehrkräften in der Auseinandersetzung mit den Themen Sterben, Tod und Trauer in der Schule bislang nahezu ausschließlich ihre eigenen individuellen Ressourcen zur Verfügung stehen. Somit wird die Thematik zur Privatsache. Die Schule – und auch die Schulpädagogik – hat ihre Zuständigkeit und ihre Verantwortung in diesem Feld bislang kaum erkannt, so dass auf verlässliche Handlungsstrategien in der Institution Schule in der Regel nicht zurückgegriffen werden kann. Es ist davon auszugehen, dass immer noch bestehende Phänomene der gesellschaftlichen Tabuisierung und Verdrängung im Umgang mit thanatalen Phänomenen auch auf der Ebene der Schule Wirkung zeigen.

Dieses Buch beinhaltet vor allem die Sicht auf das *System Schule* und seine schulpädagogische Auseinandersetzung mit fortschreitender Krankheit, Sterben und Tod, die in der bisherigen Auseinandersetzung mit der Thematik vernachlässigt wurde. Im Mittelpunkt stehen hier die Einzelschule und ihre themenspezifischen Entwicklungsmöglichkeiten. Im Sinne schulischer Qualitätsentwicklung geht es hier in erster Linie „um Systementwicklung, nicht einfach um Reform durch Veränderung der Methoden“ (OELKERS 2003, 55) einer Schule. Wichtig ist es, in diesem Zusammenhang die Kultur einer Schule – also die Schulkultur – zu betrachten. Was aber ist mit Schulkultur eigentlich genau gemeint? In den Theorien zu Schule und Schulentwicklung werden vor allem drei Aspekte genannt, die den Begriff *Schulkultur* charakterisieren sollen:

> „*Erstens* verweist er auf ein eigenes kulturelles Gebilde, ein kulturelles Eigenleben der Schule mit spezifischen Wert- und Normgefügen, inhaltlich-methodischen Konfigurationen, Umgangs- und Verkehrsformen.
>
> *Zweitens* korrespondieren mit Kultur die Kategorien von Wandel und Entwicklung. (…) Schulkultur kann jedenfalls nicht als feste Größe angesehen werden, sondern pädagogische

> Ideen, Symbolgehalte und Handlungsmuster sind Ergebnisse von Entwicklungsprozessen (...).
> *Drittens* beinhaltet der Kulturbegriff (...), dass die interaktiven Aushandlungsprozesse auf der Ebene der einzelnen Schule und die subjektiven Einstellungs- und Handlungsmuster der Beteiligten in ganz entscheidendem Maße kulturprägend sein dürften"
> (HOLTAPPELS 2003, 23).

Dieses Verständnis von Schulkultur als Muster gemeinsamer Wahrnehmungen und Überzeugungen gilt für alle Schulformen oder Schultypen. Es kennzeichnet das über die allgemeinen Einzelelemente hinausgehende individuelle Profil einer Schule, mit dem sich alle Beteiligten – Kinder, Eltern und Lehrkräfte – identifizieren können.

Es stellt sich z. B. die Frage, ob die Auseinandersetzung mit thanatalen Phänomenen allgemein und der pädagogische Umgang mit trauernden Kindern, fortschreitender Erkrankung und dem Tod von Schülerinnen und Schülern sowie die Unterstützung für die trauernden Mitschülerinnen und Mitschüler Bestandteil von Schulkultur ist.

Das Ziel der Entwicklung einer Schulkultur, in der Sterben und Tod nicht tabuisiert, sondern als Bestandteil menschlichen Seins integriert sind, soll an dieser Stelle mit dem Begriff *Thanatopädagogik* beschrieben werden. Unter Thanatologie wird das interdisziplinäre Forschungsgebiet verstanden, das sich mit Phänomenen des Sterbens und des Todes befasst. *Thanatopädagogik* sei hier verstanden als Schnittstelle von Pädagogik und Thanatologie, die sowohl den pädagogischen Umgang mit fortschreitend und final erkrankten, sterbenden und trauernden Menschen als auch die pädagogische Unterstützung für Menschen zum Gegenstand hat, die auf einer professionellen oder persönlichen Ebene mit Tod konfrontiert sind. Des Weiteren gehören zur *Thanatopädagogik* sämtliche Formen und Wege der pädagogischen Auseinandersetzung mit den Fragen nach der Begrenzung des Lebens, nach Sterben, Tod und Trauer.

In diesem Buch geht es demnach um die thanatopädagogische Qualität von Schulen. Hierfür werden drei Bereiche besonders in den Blick genommen, die im Sinne des oben genannten Verständnisses von Thanatopädagogik als Bestandteile von Schulkultur wichtig sind:

1 **Die Schule als Ganzes - Tod und Sterben als Elemente von Schulkultur**

2 **Unterstützende Teamarbeit und Kooperation in der Schule**

3 ***Rituale*: Ausdrucksmöglichkeiten von Abschied und Trauer**

Fragen nach der methodisch-didaktischen Umsetzung thanataler Themen in den Unterricht der Grundschule können an dieser Stelle nur am Rand bzw. indirekt behandelt werden. Eine veränderte Praxis des Umgangs mit Sterben und Tod durch die oben genannten Schwerpunkte kann jedoch nur gelingen, wenn auch der Unterricht für diese Themen geöffnet wird und stellt somit einen weiteren Weg und eine Folge der Enttabuisierung dar. Hierfür wird an verschiedenen Stellen des Buches auf weiterführende didaktische Materialien verwiesen, die über die Gestaltung von Ritualen hinausgehen.

1.2 Zur Entstehung dieses Buches

Den Ausgangspunkt dieses Buches stellt ein Forschungsprojekt mit dem Titel „Schulpädagogisches Coping angesichts progredient erkrankter Kinder und Jugendlicher – zum pädagogischen Umgang mit Tod, Sterben und Trauer in der Schule“ dar. Das Projekt wurde im Zeitraum von Mai 2000 bis Oktober 2003 an der Carl von Ossietzky Universität Oldenburg durchgeführt und vom Ministerium für Wissenschaft und Kultur des Landes Niedersachsen gefördert. An dieser erstmaligen empirischen Auseinandersetzung mit thanatalen Themen in der Schule war auch der Verfasser dieses Buches als Sonderpädagoge beteiligt. Im Mittelpunkt des Forschungsprojektes stand die Situation fortschreitend erkrankter Schülerinnen und Schüler, also derjenigen Kinder und Jugendlichen, die an einer Erkrankung leiden, die zu einem verfrühten Tod führt. Zu diesen Krankheiten gehören beispielsweise die Duchenne Muskeldystrophie, Krebs oder Stoffwechselerkrankungen wie Mukoviszidose oder Mukopolysaccharidose. Neben der schulischen Situation der betroffenen Kinder und Jugendlichen, die durch Einzelfallstudien untersucht wurde, interviewten wir Lehrkräfte an Schulen mit dem Förderschwerpunkt körperlich-motorische Entwicklung, die fortschreitend erkrankte Schülerinnen und Schüler bereits einmal oder mehrmals begleitet hatten. Diese wurden nach den Belastungen und Bewältigungsstrategien befragt, die sie im Rahmen dieser pädagogischen Herausforderung erlebten bzw. entwickelten. Aus den vielfältigen Ergebnissen dieses Projektes ließ sich unter anderem erkennen, dass eine schulkulturelle Berücksichtigung in nahezu allen Schulen nicht vorzufinden ist, obwohl sie nach Ansicht der Lehrkräfte sehr wohl hilfreich und notwendig wäre.

Aus dieser Erkenntnis leitete ich eine eigene Studie ab, die die Berücksichtigung von Sterben und Tod als Bestandteil von Schulkultur untersuchte. Hierfür analysierte ich die Interviews mit den Lehrkräften noch einmal unter Berücksichtigung der Aspekte *die Schule als Ganzes, Teamarbeit und Kooperation,* sowie *Rituale und Handlungsleitlinien als Ausdrucksmöglichkeiten von Abschied, Trauer und Erinnerung*. Die Auseinandersetzung mit den intensiven Schilderungen der Lehrerinnen und Lehrer über ihr Erleben von Sterben und Tod von Kindern in ihren Klassen bildete die Grundlage für eine Befragung an allen 14 Förderschulen mit dem Schwerpunkt körperliche und motorische Entwicklung in Niedersachsen. 68,7% aller Förderschullehrerinnen und –lehrer dieses Förderschultypus aus Niedersachsen beantworteten die sich ebenfalls auf die oben genannten Themenschwerpunkte beziehenden Fragen, sodass für dieses Bundesland repräsentative Ergebnisse vorliegen. Eine ausführliche Dokumentation des Forschungsprozesses und seiner theoretischen Begründung findet sich in der daraus entstandenen Dissertation (JENNESSEN 2006).

Im hier vorliegenden Buch sollen zunächst einige Antworten auf die Fragen gegeben werden, warum die Beschäftigung mit Sterben, Tod und Trauer so schwierig scheint und warum sie sich aber gerade unter schulpädagogischen Gesichtspunkten lohnt. Hierfür ist es notwendig und auch sinnvoll, über den schulischen Tellerrand hinauszugucken und zu betrachten, wie in unserer Gesellschaft mit diesen Themen umgegangen wird.

In den folgenden Kapiteln werden die bereits benannten Schwerpunkte – Sterben, Tod und Trauer als Elemente von Schulkultur; Teamarbeit und Kooperation als Gelingensvariable und Rituale – intensiver diskutiert. Hierbei werden jeweils zunächst Hintergründe erläutert, die die Relevanz der drei Aspekte verdeutlichen sollen. Darauf aufbauend werden Aussagen von Lehrerinnen und Lehrern zu dem jeweiligen Bereich vorgestellt und interpretiert, um daraus Empfehlungen für die Schulpraxis abzuleiten.

Es wäre schön, wenn dieses Buch die Auseinandersetzung mit den Phänomenen Sterben, Tod und Trauer in der Grundschule anregen und somit zu ihrer weiteren Enttabuisierung beitragen könnte. Geschähe dies, würden Kinder mit ihren vielen Fragen und Phantasien zu thanatalen Themen weniger alleine gelassen, und könnten frühzeitig lernen, dass diese zum Leben gehören und als Normalität menschlichen Seins auch mit Erwachsenen kommuniziert werden dürfen.

2. Tabuisierung und Enttabuisierung oder warum die Auseinandersetzung mit Tod so schwierig scheint

(Aus: *Und was kommt dann? Das Kinderbuch vom Tod von Pernilla Stalfelt)*

Berichte ich über meinen Forschungsschwerpunkt – den pädagogischen Umgang mit den Themen Sterben, Tod und Trauer – reagieren die meisten Menschen mit Unverständnis und Ablehnung: „Oh Gott! Tod als Thema in der Schule? Das ist ja schrecklich! Das kann man doch den Kindern nicht antun!“. Oder aber sie zeigen Bewunderung für den Mut, sich mit einer solch scheinbar schwierigen, belastenden und traurigen Thematik zu beschäftigen.

Wie kommt es aber, dass die Beschäftigung mit thanatalen Themen bei vielen Menschen derart negative Assoziationen hervorruft, vor allem dann, wenn Sterben und Tod mit Kindern in Verbindung gebracht wird?

Es ist davon auszugehen, dass die gesellschaftliche Tabuisierung thanataler Themen die Hauptursache dieser Einstellungen ist. Einige Überlegungen zu den Hintergründen des Tabus Tod, sowie der gegenläufigen Tendenz der Enttabuisierung werden im Folgenden skizziert.

2.1 Tabuisierung und Enttabuisierung

„Tod? Nein Danke!“

Bis ins 20. Jahrhundert stellte der Tod ein öffentliches Ereignis, ein „selbstverständliches Phänomen“ (JÄGER 2003, 34) in der Gesellschaft dar, das einen wesentlichen Einfluss auf das Lebensgefühl der Menschen hatte und sozial mitgetragen wurde. In der heutigen Zeit lässt sich eine weitgehende Ausgrenzung der Todesproblematik aus dem persönlichen, familiären und gesellschaftlichen Leben feststellen, die in unterschiedlicher Form in unterschiedlichen Bereichen in Erscheinung tritt. Zum einen ist eine gewisse Sprachlosigkeit bzw. eine gehemmte, jedoch auch widersprüchliche Kommunikation in Bezug auf Bereiche zu beobachten, die das Sterben und den Tod betreffen. Den Widerspruch beschreiben Reimer Gronemeyer und Andreas Heller in ihrem absolut lesenswerten Buch mit dem Titel „In Ruhe sterben“ treffend mit dem Satz: „Wir schweigen den nahen Tod tot und bereden den fernen geschwätzig“ (GRONEMEYER & HELLER 2014, 65). In Form und Bildern vielfältig und mittelbar prasselt der „ferne Tod“ in einer permanenten Flut von Nachrichten über Katastrophen, Unglücke und Todesfälle öffentlicher Personen medial gefiltert und somit weitgehend emotionslos auf uns ein. Dies steht jedoch zu dem „nahen Tod“, von dem wir unmittelbar in unseren Leben betroffen sind, in scheinbar keinerlei Verbindung. Findet dennoch ein Austausch über das nahe Sterben statt, sind die Gespräche in den meisten Fällen von Gefühlen wie Unsicherheit und Hilflosigkeit geprägt (vgl. ZINGROSCH 2000, 66). Zudem entzieht sich die Verantwortung für die Versorgung Sterbender und Verstorbener in unserer hoch professionalisierten Gesellschaft weitgehend der Zuständigkeit der Angehörigen, da viele der anfallenden Aufgaben von professionellen Institutionen (z. B. von Krankenhäusern, spezialisierten Palliativstationen oder ambulanten Palliativdiensten und gewerblichen Bestattungsunternehmen) übernommen werden. Die einschlägige Botschaft der Massenmedien, die Gesundheit, Sportlichkeit, Dynamik und Leistungsfähigkeit als allgemein gültige Lebensideale präsentieren, trägt außerdem dazu bei, dass am Thema Sterben und Tod ein grundsätzlich eher distanziertes öffentliches Interesse besteht.

In der wissenschaftlichen Literatur werden für diese Phänomene meist die Begriffe *Verdrängung, Tabuisierung* und *Entöffentlichung des Todes* verwendet. Auch Begriffe wie *Distanzierung* und *Desozialisation zum Tod* sind dort zu finden. Vor allem die sogenannte Verdrängungsthese ist jedoch nicht unumstritten. Einige Wissenschaftler*innen vertreten die Meinung, dass eine Verdrängung des Todes notwendig ist. Sie gehen davon aus, dass ohne eine solche Verdrängung der Todesgewissheit eine unbeschwerte Bewältigung des Alltagslebens kaum möglich sei (vgl.

BREUER 1998, 29; HOWE 1989, 28). Andere wiederum betonen, dass eine in das Leben integrierte Auseinandersetzung mit thanatalen Themen erst ermögliche, die Fülle des Lebens in der Tiefe und Differenziertheit seiner emotionalen Dimensionen zu erfassen. Neben dieser auf den einzelnen Menschen bezogenen Perspektive wird auch von einer *gesellschaftlichen* Verdrängung des Todes gesprochen und somit stärker die soziale Dimension des Umgangs mit thanatalen Themen betont (vgl. NASSEHI/WEBER 1989, 162ff.). Folgende Auflistung beinhaltet verschiedene Argumente bzw. Phänomene, die die Verdrängungshypothese untermauern:

1	**Privatisierung**
2	**Bürokratisierung und Segregation**
3	**Exklusion der Sterbenden und Toten**
4	**Emotionale Ablehnung und Professionalisierung des Umgangs mit Sterbenden**
5	**Verlust der Primärerfahrung des Todes**
6	**Kommunikationsdefizite (v.a. gegenüber Sterbenden von Seiten der Ärztinnen und Ärzten)**
7	**Entfremdung und Depersonalisierung**
8	**Partikularisierung des Todes – nur alte Menschen sterben**
9	**Erfahrungsentzug (z.B. Kinder von Begräbnissen fernhalten)**
10	**Unsterblichkeitsillusionen**
11	**Marginalisierung der Rituale (Begräbnisse und Riten nur als periphere Ereignisse)**
12	**Verinnerlichung von Trauer**
13	**Strukturelle Verdrängung durch ein Nichtzulassen öffentlicher Sinngebung des Todes**

(vgl. FELDMANN 2004, 65f.; FELLER/GABAUER 2005, 19)

Zudem wird eine bis in die 1980er Jahre bestehende einseitige Technik- und Medikalisierungsdominanz und die damit einhergehende Ausrichtung deutscher Krankenhäuser an Gesundheit, Rehabilitation und maximaler Lebensverlängerung dafür verantwortlich gemacht, dass eine „Beziehungsorientierung zwischen Arzt und Patienten, zwischen Pflegepersonen und Patientinnen bzw. deren Angehörigen (verdrängt wurde). Sterbende waren im Krankenhaus – unwillkommen" (GRONEMEYER & HELLER 2014, 103). Für den Umgang mit dem Sterben und den

Sterbenden wirkten zudem die traumatischen Kriegserfahrungen einer Generation nachhaltig nach, die diese an die nachfolgenden Generationen weitgehend schweigend weitergab. „Vor diesem Hintergrund wird vielleicht verständlicher, warum Deutschland noch in den siebziger und achtziger Jahren ein ‛hartes Pflaster' war für einen neuen Umgang mit Sterbenden (...)" (ebd. 126). Beschreibt dies vorrangig die Situation vor ca. fünfzig Jahren, so kann grundsätzlich festgestellt werden, dass mit dem Aufkommen der Hospizbewegung sowie der AIDS-Pandemie ab Ende der 1980er Jahre ein veränderter Umgang mit Sterben und Tod einsetzte.

So ist seit dieser Zeit zunehmend zu beobachten, dass sich neben der und beeinflusst durch die gesellschaftliche Etablierung der Hospiz- und Palliativbewegung viele Menschen in zum Teil unkonventioneller oder auch indirekter Weise mit dem eigenen Tod auseinandersetzen, indem sie beispielsweise Gräber und Grabsteine erwerben oder Testamente verfassen. Eine bereits in den 60er Jahren des vergangenen Jahrhunderts durchgeführte Studie zeigt außerdem, dass das Todesbewusstsein von Menschen stark von den bisher von ihnen gemachten Todeskontakten abhängt. Demzufolge geht die individuelle Verdrängung des Themas möglicherweise als ein Ergebnis der mit der Institutionalisierung einhergehenden Reduzierung von Todesbegegnungen einher (vgl. HAHN 1968, 40f.).

Es scheint schwierig, wenn nicht sogar unmöglich, den gesellschaftlichen Umgang mit thanatalen Themen pauschal zu bewerten. Zu vielschichtig und komplex stellt sich die Thematik mit ihren unterschiedlichen individuellen, strukturellen, institutionellen und gesellschaftlichen Dimensionen dar. Unabhängig von den verschiedenen Interpretationen des aktuellen gesellschaftlichen Umgangs mit Sterben, Tod und Trauer lassen sich einige Entwicklungen feststellen, die dazu geführt haben, dass sich der Tod in der Alltagswelt der meisten Menschen nicht wiederfindet.

Säkularisierung: Die Verweltlichung des Lebens

Als eine wichtige gesellschaftliche Entwicklung, die zu einer Veränderung des Todesverständnisses in unserer Gesellschaft beigetragen hat, ist die *Säkularisierung* zu nennen. Diese Tendenz der Loslösung des einzelnen Menschen, gesellschaftlicher Gruppen, sowie des Staates aus den Bindungen der Kirche führte dazu, dass kein Orientierungssystem von allgemeiner Gültigkeit mehr bezüglich vieler existentieller Fragen des Lebens und des Todes verfügbar ist. Dies führt dazu, dass jeder Mensch seinen eigenen Weg zur Bewältigung der Todesproblematik finden muss. Außerdem hat ein säkularisiertes Todesverständnis zur Folge, dass als wesentliches Merkmal des Todes nicht mehr der Übergang in eine andere Welt gilt, sondern das absolute Ende des irdischen Lebens. Diese Sichtweise bedingt eine

,Verweltlichung' des Lebens und somit eine Haltung, das Lebens so lang und intensiv wie möglich auskosten zu wollen. Hieraus resultiert auch eine Betrachtung des Todes als Feind des Menschen, der unbedingt bekämpft, verharmlost, verdrängt und verschwiegen werden muss (vgl. ZINGROSCH 2000, 62).

Mit der Säkularisierung einher ging auch der Verlust traditioneller Riten und Bräuche, die früher maßgeblich den Umgang mit der Leiche und das Trauerverhalten der Menschen prägten. So findet Trauer heute weitgehend unter Ausschluss der Öffentlichkeit und somit privat statt, während früher gemeinschaftliche Reaktionen auf einen Todesfall üblich waren. Bis zum Zeitraum um den 1. Weltkrieg war es in westeuropäischen Ländern die Regel, Verstorbene bis zum Tag ihrer Beerdigung in ihrem Wohnhaus aufzubahren, so dass Angehörige und Nachbarn dort Abschied nehmen und an der Bahre des Toten Wache halten konnten. Abhängig von regionalen Bräuchen wurden Gebete gesprochen, Leichenwäscherinnen reinigten den Leichnam oder es wurde im Kreis der trauernden Anwesenden „Brot, Bier und Branntwein verzehrt" (THOMAS 1994, 81). Mit der Errichtung von Leichenhallen verlor das Ritual der Aufbahrung kontinuierlich an Bedeutung, so dass heute nur noch ca. 5 % der Verstorbenen zu Hause aufgebahrt werden.

Auch das Tragen schwarzer Trauerkleidung über den Tag der Bestattung hinaus ist heute nicht mehr üblich, was unter anderem zur Folge hat, dass Trauernde im Gegensatz zu früher nicht mehr als solche wahrgenommen werden und entsprechend weniger Rücksicht von ihren Mitmenschen erfahren.

Diese exemplarische Aufzählung des Verlustes von öffentlich sichtbaren Trauerritualen, die trauernden Menschen Halt, Orientierung und eine Rahmung für die eigenen Emotionen boten, lässt [erneut] den Rückschluss zu, dass der Tod auf Grund seiner Ausgrenzung aus dem individuellen und gesellschaftlichen Leben stärker von Angstgefühlen besetzt ist.

Eine neue soziale Struktur der Gesellschaft

Ein mit der Säkularisierung eng verknüpfter Aspekt ist der der *sozialen Umstrukturierung*. So hat die Entwicklung weg von der intensiven Wohn- und Arbeitsgemeinschaft von mehreren Generationen unter einem Dach, in der der Tod als Alltagserfahrung wahrgenommen werden konnte, hin zur Kleinfamilie durch die Trennung der Generationen auch die Abspaltung von direkten Todeserfahrungen zur Folge: „Häufig erfahren Kinder heute den Tod eines Angehörigen nur durch ein geschlossenes Grab" (ZINGROSCH 2000, 64). Diese Tendenz wird durch die stetig wachsende Lebenserwartung noch verstärkt. Dieser Individualisierungstendenz entspricht auch die veränderte Funktion die Grabstätten zugesprochen wird. Eine der aktuellen Strömungen am Beginn des 21. Jahrhunderts zeichnet sich durch die seit den 1990er Jahren zu beobachtende deutliche Zunahme anonymer Bestattungen aus. Dieser Anstieg beträgt mancherorts mehrere 100%, wobei allerdings in der Bundesrepublik Deutschland ein starkes Nord-Süd-Gefälle festgestellt werden kann. Als Gründe für diese Tatsache werden vor allem konfessionelle Aspekte vermutet, da die anonyme Bestattung in evangelischen Regionen bedeutend häufiger Verbreitung findet als in katholischen (vgl. HAPPE 1998). Den gesellschaftlichen Hintergrund für diese Entwicklung bilden vorrangig die Auflösung gewachsener Sozial- und Beziehungsstrukturen und die Tatsache, dass im Leben von immer mehr Menschen Flexibilität und Individualität im Vordergrund stehen. Da diese Entwicklung zur Folge haben wird, „dass ein größerer Prozentsatz der Verstorbenen keine nahestehenden Verwandten haben (wird)" (FELDMANN 1997, 30), ist zu erwarten, dass zunehmend alternative Formen die Erinnerung an den Verstorbenen symbolisieren werden, wie Videobänder oder Fotographien, die lediglich private Aufenthaltsorte benötigen und somit Grabstellen ersetzen.

Trotz dieser Tendenz bleibt die Funktion des Grabes, neben dem Ort der Entsorgung des Leichnams ein Ort des Gedächtnisses und der Erinnerung zu sein, ohne Zweifel (zunächst) bestehen. Die Gestaltung des Grabes mit einfachen Holzkreuzen, aufwändigen Marmorgrabsteinen, bunten Windrädern und Plüschtieren auf den Gräbern verstorbener Kinder, sowie Kerzen und Blumen symbolisieren den Wunsch der Hinterbliebenen, die Verstorbenen vor dem Vergessen zu bewahren. Hierbei spiegelt nicht selten auch die Gestaltung der Grabstätten und Grabsteine die Einstellung der Angehörigen zur thanatalen Thematik wider. So steht beispielsweise die unbekümmert-flapsige Inschrift „Bin gleich zurück" für eine deutlich andere Sichtweise des Todes als sie mit häufig die bedeutende berufliche Funktion der Verstorbenen (oder die der Ehemänner verstorbener Frauen!) thematisierende Inschriften vermittelt wurde. Die positive Funktion der persönlichen Gestaltung von Grabstätten als Orte der Trauer und Erinnerung, die in einem unmittelbaren Bezug zum Leben und der Persönlichkeit des verstorbenen Menschen stehen, verdeutlichen auch nachfolgende Zitate über die Gestaltung eines Grabes durch die Mütter früh verstorbener Kinder:

> „Für Frau G. wurde das Grab ihres Sohnes zu einem wichtigen Ort, den sie liebevoll gestaltete. Auf dem Grab ist eine Spiralform zu sehen, die aus gebrannten Tonstücken gestaltet ist, und die für Frau G. den spiralförmigen Verlauf der Trauer symbolisiert." (...)
>
> „Für Frau W. war der Gang zum Grab wichtiger Teil ihres Trauerprozesses, sie beschrieb die Besuche am Grab als besondere Augenblicke, in denen sie an ihren Sohn dachte."
>
> (NIJS 1999, 83)

Für andere Menschen wiederum spielt das Grab eines verstorbenen Angehörigen eine eher untergeordnete Rolle für den Prozess der Trauerbewältigung und es werden andere Orte der Erinnerung und des Gedenkens gewählt, die die Persönlichkeit des Verstorbenen oder besondere Aspekte der Beziehung zu den Trauernden widerspiegeln.

Als Trend im Zeitalter des Internets erweisen sich außerdem sogenannte digitale Gedenkstätten und Trauerforen [im Internet], die in den vergangenen Jahren in nahezu zahlloser Form und mit unterschiedlichen Zielgruppen entstanden. An diesen virtuellen Gedenkorten ist es möglich, individuelle Traueranzeigen zu gestalten und beim Tod bekannter oder auch nicht-bekannter Menschen den Angehörigen zu kondolieren und Blumen abzulegen.

Die Suche nach einem festen Ort der Erinnerung ist auch in dieser Form der virtuellen Grabgestaltung offensichtlich, auch wenn die haptisch-unmittelbare Erfahrbarkeit eines Grabes hier entfällt.

Die Möglichkeit des Zugriffs auf die entsprechenden Seiten von jedem, mit dem Internet verbundenen Ort der Welt, spiegelt möglicherweise eindrucksvoll die bereits aufgeführten Entwicklungen der zunehmenden Mobilität und individualisierten Trauerkultur wider.

Institutionalisierung: „Sterben und Tod gehören in die Hände von Spezialisten!"

Im Zusammenhang mit der Hypothese der Verdrängung bedeutet Institutionalisierung, dass verschiedene Aufgaben, die im Umgang mit kranken, sterbenden und toten Menschen bestehen, an Einrichtungen abgegeben werden, die sich für diese Aufgaben professionalisiert haben. So sterben aktuell mehr als die Hälfte der Menschen in Deutschland in Kliniken, rund 19 % in einer stationären Pflegeeinrichtung und nur etwa 23 % zu Hause – obwohl sich 58 % der Befragten wünschen, zu Hause sterben zu können. „27 % gaben an, dass sie in einer Einrichtung zur Betreuung schwerstkranker und sterbender Menschen sterben wollen" (DHPV 2017b, 2 f.). Diese stetig steigende Zahl verweist auf die gesellschaftliche Etablierung von Angeboten der Hospizbewegung und Palliativversorgung. Die Gründe für die Verlagerung des Sterbeortes von der Familie in Institutionen sind vielschichtig. Zum einen bedeutet die Pflege und Betreuung eines oder einer Angehörigen bis zum Tod einen enormen physischen, psychischen, finanziellen und organisatorischen Aufwand, den viele Familien nicht in der Lage oder bereit sind, zu leisten. Die fehlende Möglichkeit der Verteilung der Aufgaben auf die verschiedenen Mitglieder in einer Großfamilie ist bereits angesprochen worden. Zusätzlich bedeutet die gestiegene Lebenserwartung auch eine zeitlich verlängerte Belastung für die Angehörigen.

Neben dem Aspekt der Belastung spielt jedoch auch das (meist unbewusste!) Bedürfnis, sich vor Krankheit, Sterben und Tod zu schützen, eine wichtige Rolle bei der Übertragung der Verantwortung an Einrichtungen. Eine Einweisung in ein Krankenhaus ist außerdem häufig mit der möglicherweise latenten Hoffnung verbunden, den Tod durch eine optimale medizinische Therapie vermeiden zu können. Ähnlich wie auch der Beginn des Lebens – die Geburt – wird auch das Lebensende zunehmend als medizinisch zu behandelnde Krankheit statt als normaler Bestandteil des Lebens empfunden. So werden beispielsweise immer raffiniertere Bezeichnungen für Todesursachen erfunden, um die eigentliche Ursache des menschlichen Todes, die Sterblichkeit, nicht wahrnehmen zu müssen. Die Institutionalisierung des Sterbens führt zu Angst und Kommunikationsunsicherheiten, wenn ‚ausnahmsweise' der Kontakt zu einem sterbenden Menschen besteht. Die so entstehenden Gefühle von Hilflosigkeit und Unsicherheit führen wiederum zu einer Ausgrenzung des Themas auf gesellschaftlicher Ebene und zu einer Verstärkung der Institutionalisierungstendenz.

Folgende Abbildung verdeutlicht diesen Kreislauf:

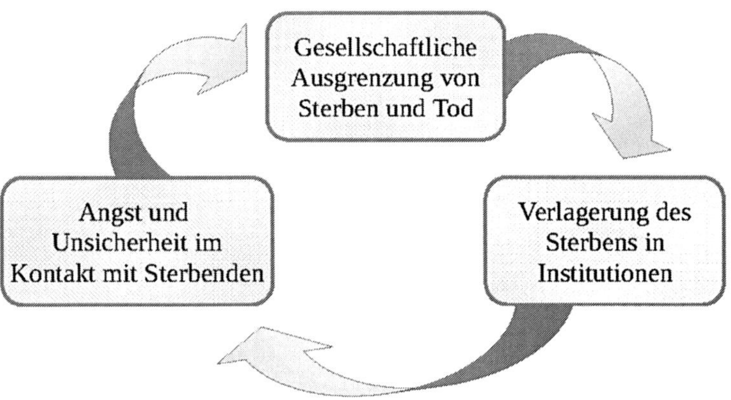

Abb. 2 Wechselwirkungen gesellschaftlicher Institutionalisierung des Sterbens

Die Verlagerung des Todes in Institutionen zeigt sich auch nach dem Tod eines Menschen. So übernehmen professionelle Bestatter*innen alle mit der Leiche verbundenen Tätigkeiten wie das Waschen und Anziehen des Leichnams, seine Aufbahrung und Überführung, sowie sämtliche mit der Bestattungszeremonie verbundenen Formalitäten. Die Bestattung wird zu einer Dienstleistung durch professionelle Helfer, die den Angehörigen jedoch die Möglichkeit nimmt, konkrete Erfahrungen im Umgang mit dem Leichnam zu sammeln. In den letzten Jahren zeigen sich jedoch in der Kultur des Bestattungswesens und der Kommunikation mit trauernden Zu- und Angehörigen vermehrt neue Wege der Kommunikation und Einbindung der Trauernden in die (ver)sorgenden Aktivitäten, die nach dem Sterben eines Menschen anstehen. So werden Familien ermutigt, die verstorbene Person selbst zu waschen, anzuziehen, den Sarg zu gestalten und die Beerdigungs- oder Verabschiedungsfeier nach eigenen Wünschen und entsprechend der Persönlichkeit des verstorbenen Menschen zu zelebrieren. Die Erkenntnis, dass das aktive Tun und bewusste Erleben des Todes in der unmittelbaren Phase nach dem Sterben eines Menschen eine heilsame Wirkung auf den Trauerprozess haben kann, zeigt sich somit zunehmend in kreativen Formen des Abschieds und Bestattens, über die zudem medial – nicht ohne einen gewissen Voyeurismus – berichtet wird.

Zusammenfassend lässt sich die aktuelle Situation des Sterbens und des Umgangs mit diesem mit folgenden pointierten Aussagen skizzieren:

1. „Wir leben länger, und wir sterben länger.

2. Wir sterben eher nicht mehr plötzlich und unerwartet, sondern langsam und vorhersehbar.

3. Obwohl wir irdisch-biologisch länger leben, ist unser Leben um eine Ewigkeit kürzer geworden.

4. Wir sterben nicht mehr auf der Bühne ritueller, familial-nachbarschaftlicher Beziehungen, sondern hinter den Kulissen von Organisationen.

5. Wir leben und sterben in einer Organisationsgesellschaft und müssen den Umgang mit dem Sterben organisieren.

6. Leben und Sterben sind kein Großunternehmen in öffentlicher Hand, sondern ein Kleinunternehmen in privater Hand.

7. Hospizbewegung und Palliativmedizin haben eine gesellschaftliche Thematisierungs- und Kommunikationsleistung erbracht und die Optionen des Sterbens verändert.“

(HELLER & WEGLEITNER 2017, 13)

2.2 Kinder und Jugendliche vom Thema Tod fernhalten

‚Über den Tod spricht man nicht – schon gar nicht mit Kindern'

„Ich habe gehört, was ich nicht hören sollte.
Meine Mutter hat geschluchzt,
Doktor Düsseldorf wiederholte: „Wir haben alles versucht glauben Sie mir,
wir haben alles versucht."
Und mein Vater hat mit erstickter Stimme geantwortet:
„Das weiß ich, Herr Doktor, das weiß ich."
Ich stand da, mein Ohr klebte an der Eisentür.
Ich weiß nicht, was kälter war, das Metall oder ich.
Dann fragte Doktor Düsseldorf:
„Wollen Sie ihn nicht in die Arme nehmen?"
„Dazu fehlt mir der Mut", sagte meine Mutter.
„Er soll uns besser nicht in diesem Zustand sehen", hat mein Vater hinzugefügt.
Und da habe ich verstanden, dass meine Eltern Feiglinge sind.
Schlimmer: Zwei Feiglinge, die mich für einen Feigling halten!"

(Aus: *Oscar und die Dame in Rosa* von Eric-Emmanuel Schmitt)

Erwachsene sind häufig sehr bemüht, Kindern und Jugendlichen eine Konfrontation mit todbezogenen Themen zu ersparen. „Eine mögliche Erklärung dafür könnte darin bestehen, dass die gedankliche Verbindung von Kindern und Tod für Erwachsene äußerst unangenehm ist und unadäquat zu sein scheint" (JENNESSEN 2006, 15). So stehen Kinder für Wachstum und Zukunft und somit für das Leben selbst, wohingegen der Tod das Ende des Lebens markiert. Vielfach wird es Kindern nicht erlaubt, an Beerdigungen oder Trauerfeiern teilzunehmen. Ihnen wird verheimlicht, dass jemand gestorben ist oder es werden vermeintlich barmherzige Lügen erfunden, warum eine Person zum Beispiel nicht mehr besucht werden kann. Zu Recht sei aber die Frage gestellt:

> „Wen (...) wollen wir denn schonen, wenn wir den Tod schönreden, bagatellisieren oder verdrängen? Dient das, was wir vermitteln, dem Nutzen des Kindes oder des Erwachsenen?" (UNVERZAGT 2004, 42).

Kinder nehmen die Ängste der Erwachsenen in der Regel sehr genau wahr und lernen, dass es erforderlich ist, Gefühle und Ängste, die den Tod betreffen, zu unterdrücken, zu verschweigen und allenfalls mit sich selbst zu klären. Auch die Kinderliteratur zum Thema lässt teilweise das eigentliche Thema Sterben, Tod und Trauer in den Hintergrund treten. Die Wortwahl in den Titeln wie auch in den Inhalten ist nicht immer geradlinig. Als Beispiele, die diese These stützen, können die Kinderbücher „Mama ist gegangen" (HEIN 2003) und „Seinen Opa wird Jan niemals vergessen" (WESTERA/VAN STRAATEN 2001) genannt werden.

Eine genauere Untersuchung von Schul-Lesebüchern zur Behandlung thanataler Themen zeigt, dass dort vorrangig Formen des Sterbens thematisiert werden, die eher selten vorkommen. So wird vor allem der Tod durch Verfolgung, Verbrechen, Unfälle oder Katastrophen angesprochen, während der alltägliche, natürliche Tod weitgehend unbearbeitet bleibt. Schule nimmt also den gesellschaftlichen Auftrag des Erlernens von Kulturtechniken und des Vermittelns gesellschaftlicher Normen und Werte wahr, grenzt in der Regel jedoch die existenziellen Fragen nach dem Sterben als Bestandteil menschlichen Lebens aus. Wesentliche Lebensbereiche und Wirklichkeitsausschnitte, denen Kinder immer wieder in ihrem Alltag begegnen und über die sie sich Informationen und Austausch wünschen, werden somit aus der Kommunikation ausgeklammert. Statt der Schonung der Kinder bewirkt dieses Vorgehen jedoch in erster Linie weitere Verunsicherungen, da Kinder sich aus der Welt der Erwachsenen ausgeschlossen fühlen und mit ihren Phantasien und Ängsten alleine zurechtkommen müssen. Denn wenn Erwachsene nicht offen Informationen [über Fragen] bezüglich Sterben und Tod weitergeben, müssen Kinder ihre eigene Phantasie als Informationsquelle nutzen. Im Gegensatz zur Absicht ungetrübte Lebensfreude zu gewähren, steigt mit der zunehmenden Verdrängung die Angst vor thanatalen Themen, da der Tod nicht mehr zum Leben [dazu]gehört.

Es scheint also so zu sein, dass sich die grundsätzlichen Unsicherheiten und Ambivalenzen in der Auseinandersetzung mit todbezogenen Themen deutlich verstärken, wenn Kinder und auch Jugendliche von der Thematik berührt werden. Die einleitend formulierte Annahme, dass die Verbindung von Kindern und Tod für Erwachsene grundsätzlich unpassend zu sein scheint, hat vermutlich unterschiedliche Ursachen. Zum einen gilt Kindheit immer noch als die Zeit, in der Menschen möglichst unbeschwert und wohl behütet leben sollten. Auch wenn wir sehr wohl wissen, dass auch Kinder sich schon mit vielen Problemen und Belastungen auseinandersetzen müssen, haben Erwachsene dennoch die – verständliche – Absicht, ihre Kinder zu schonen und sie vor möglichst vielem Negativen dieser Welt zu schützen. Doch je mehr Erfahrungen, die das Sterben und den Tod betreffen, Kindern verwehrt bleiben, je mehr Tatsachen von ihnen ferngehalten werden, desto schwieriger wird für sie eine „gesunde" Auseinandersetzung mit den Phänomenen des Todes. Ihnen wird so die Chance genommen, eigene Gefühle bewusst wahrzunehmen, auszudrücken und in der Auseinandersetzung mit anderen Menschen stabile und enttabuisierte Einstellungen und Verhaltensweisen zu entwickeln.

Eltern und Pädagoginnen und Pädagogen vermeiden Gespräche über Sterben und Tod mit ihren Kindern häufig bis zu einem Zeitpunkt, an dem eine Thematisierung unausweichlich ist. Sinnvoller wäre jedoch eine möglichst frühe und unbelastete Auseinandersetzung mit dem Ende des Lebens, da auf diese Art eine Basis des Vertrauten und Vertrauens mit der Thematik initiiert werden kann, auf die im Falle eines konkreten Todeserlebnisses zurückgegriffen werden kann.

Finden Gespräche zwischen Erwachsenen und Kindern über thanatale Themen statt, werden häufig Worte gewählt, die wiederum Anlass für weitere Verunsicherungen bieten. In ihrem Bemühen um kindgerechte, verständliche, aber auch möglichst harmlose Formulierungen, wählen sie häufig Begriffe wie ‚eingeschlafen', ‚fortgegangen', ‚vorausgegangen', ‚ewige Ruhe' oder ‚lange Reise'. Da Kinder das Gesagte meist wörtlich nehmen, können sie solche Aussagen extrem verwirren und dazu führen, dass sie beispielsweise ‚Verlorene' suchen, hoffen, dass ‚Fortgegangene' eines Tages zurückkehren oder den Wunsch haben, ‚Eingeschlafene' zu wecken. Vor allem die Gleichsetzung des Todes mit Schlaf kann bewirken, dass Kinder die Angst entwickeln, selbst nach dem Einschlafen nicht mehr aufzuwachen und begraben zu werden. Einschlaf- und Durchschlafstörungen können die Folge sein.

Ein weiteres Problem unzureichender Auseinandersetzung über Sterben und Tod kann das vor allem im Vorschulalter existierende stark magische Denken von Kindern darstellen. So glauben Kinder häufig an die Erfüllung ihrer Wünsche. „Aussagen von Erwachsenen, wie ‚Du bringst mich eines Tages ins Grab' oder der im Streit ausgerufene Satz von Kindern ‚Ich wünschte, du wärst tot' können extreme Schuldgefühle bei den Kindern entstehen lassen, wenn diese Person aus irgendeinem Grund tatsächlich stirbt" (FELLER/GABAUER 2005, 44).

Hier müssen Kinder und ihre Reaktionen auf Verlusterfahrungen genau beobachtet und eventuelle Schuldgefühle einfühlsam ernst genommen werden, um sie in einer offenen Kommunikation über die wahren Todesursachen von dem Gefühl der Verantwortung zu entlasten.

3. Chancen der schulischen Auseinandersetzung mit Sterben, Tod und Trauer

(Aus: *Und was kommt dann? Das Kinderbuch vom Tod* von Pernilla Stalfelt)

Neben den verschiedenen Versuchen, Sterben und Tod zu tabuisieren, lassen sich zunehmend auch Tendenzen erkennen, die eine gesellschaftliche Öffnung für Sterben, Tod und Trauer widerspiegeln. Diese sollen zunächst aufgezeigt werden, bevor die unterschiedlichen Begründungen für eine schulpädagogische Thematisierung diskutiert werden.

3.1 Enttabuisierung

An verschiedenen Stellen sind Entwicklungen zu beobachten, die auf eine Enttabuisierung der Todesthematik schließen lassen. Auf einige Tendenzen wurde in Kapitel 2 bereits hingewiesen. So ist eine in den USA verankerte, zunehmende wissenschaftliche Bearbeitung thanataler Fragestellungen zu bemerken, die nach der Verabschiedung des Hospiz- und Palliativgesetzes im Jahr 2015 auch in Deutschland einen Schub erfahren durfte. Zudem ist eine verstärkt öffentlich geführte Diskussion um Sterbebedingungen, Sterbewünsche, Sterbeorte sowie die Aufgaben und Ziele der Palliativmedizin zu verzeichnen. Debatten über Patientenverfügungen, aktive und passive Sterbehilfe sowie Sterbebegleitung und menschenwürdiges Sterben im Rahmen der Hospizbewegung werden in diesem Zusammenhang geführt. Auch die Zunahme risikoreicher Extremsportarten und der steigende Konsum von Grusel- und Horrorfilmen mit ihrer Entsprechung in digitalen Spielen werden verschiedentlich als ein Anzeichen für eine wachsende Präsenz von Sterben und Tod im Alltag interpretiert.

Vor allem die Hospizbewegung mit ihrem speziellen Auftrag der Lebensbegleitung für Menschen mit fortschreitenden, unheilbaren Erkrankungen und ihre Familien bis zu ihrem Tod ist sowohl Ausdruck als auch Wegbereiter eines offeneren Umgangs mit thanatalen Themen. So entstand diese in den 1960er Jahren zunächst in England mit dem Ziel, final erkrankten Menschen ein würdiges, schmerzfreies und selbstbestimmtes Leben bis zum Lebensende zu ermöglichen. Grundgedanke ist die harmonische Verbindung des sozialen Sterbens mit dem physischen Sterben (vgl. FELDMANN 2004, 156). Aufgrund der vielfältigen Angebote der Hospizbewegung, zu denen neben stationären Einrichtungen auch die ambulante Versorgung und Begleitung von sterbenden Menschen zu Hause, die Unterstützung von Angehörigen durch Gesprächskreise, Entlastung im Alltag und Trauergruppen sowie Öffentlichkeitsarbeit zu todbezogenen Themen gehören, kann davon ausgegangen werden, dass diese die Themen Krankheit, Sterben und Tod maßgeblich zurück in die Gesellschaft gebracht hat. In der Dynamik dieser Bewegung ist zudem eine schrittweise Ausdifferenzierung zu beobachten, da diese zunehmend auch die Diversität der Lebenslagen von Menschen am Lebensende als relevante Dimension ihres Begleitungsauftrags erkannt hat. Die Auseinandersetzung mit spezifischen Bedarfen und Bedürfnissen – beispielsweise von Menschen mit Migrationshintergrund, in Obdachlosigkeit oder Menschen mit Behinderung (vgl. JENNESSEN et al. 2020) – ist Ausdruck dieser Weiterentwicklung.

Im Zuge der Hospizbewegung hat sich in den vergangenen dreißig Jahren die Kinder- und Jugendhospizbewegung etabliert, die sich des besonderen Tabus von lebensverkürzender Erkrankung und frühen Sterbens von Kindern und Jugendlichen annimmt. Seit der Gründung des Deutschen Kinderhospizvereins e. V. im Jahr 1990 durch die Eltern unheilbar kranker Kinder sind sowohl ambulante als auch stationäre Angebote für betroffene Kinder und ihre Familien entstanden. Neben dem ersten 1998 in Olpe eröffneten Kinderhospiz Haus Balthasar sind bislang 16 weitere stationäre Einrichtungen und ca. 200 ambulante Kinderhospizdienste bundesweit eröffnet worden (*Stand 2021*). Die stationären Kinderhospize haben zum Teil einen eigenen Bereich als Jugendhospiz entweder direkt mitkonzipiert oder nachträglich angebaut. Auf der Grundlage einer umfangreichen Studie zur Qualität der ambulanten und stationären Angebote (vgl. JENNESSEN et al. 2011) sind Grundsätze der Kinderhospizarbeit entwickelt worden, die als Orientierung für die Gestaltung der sukzessive wachsenden Angebotsstrukturen fungieren (vgl. DHPV

2013). Kinder- und Jugendhospize bieten Möglichkeiten der Unterstützung, Entlastung und des Austauschs zwischen den Familien an, die innerhalb der sonstigen Strukturen der ambulanten, stationären oder teilstationären Versorgung schwerstkranker und sterbender Kinder und Jugendlicher nicht umgesetzt werden. „Ein Kinderhospiz pflegt eben nicht nur das kranke Kind. Es umschließt das gesamte System Familie" (WEILAND 2004, 14). Im Gegensatz zu Hospizen für erwachsene Menschen sind Kinderhospize und ambulante Kinderhospizdienste durch die Bereitstellung folgender Angebote bemüht, den Unterstützungsbedarfen Rechnung zu tragen, die ab dem Zeitpunkt einer lebensverkürzenden Krankheitsdiagnose bis über den Tod hinaus entstehen können:

- Bedürfnis- und ressourcenorientierte Pflege und Begleitung
- Unterstützung der erkrankten Kinder bei der emotionalen Bewältigung von Krankheit und Sterben
- *Respite Care*: Entlastung der pflegenden An- und Zugehörigen bzw. Familien
- Begleitung, Beratung und psychosoziale Unterstützung der An- und Zugehörigen
- Spezifische Begleitungsangebote für Geschwister lebensverkürzend erkrankter Kinder
- Krisenintervention und Übergangsbetreuung
- Sterbebegleitung in der finalen Phase
- Trauerbegleitung

(vgl. JENNESSEN et al. 2011; HALBE/WURM 2004, 25 ff.)

An der Breite der Angebote der Kinderhospizbewegung wird deutlich, dass es sich hierbei um ein innovatives Konzept handelt, dass in umfassender Weise auf die spezifischen Bedürfnisse und Belastungen lebensbedrohlich erkrankter Kinder und Jugendlicher und ihrer Familien zugeschnitten ist. Es ist davon auszugehen, dass die stetig wachsende Popularität und gesellschaftliche Anerkennung dieses konsequent an den Bedürfnissen der Familien ausgerichteten Ansatzes nicht zuletzt durch den dringenden Bedarf an punktueller Unterstützung und kontinuierlicher Begleitung bedingt ist, der die Lebenssituation betroffener Familien kennzeichnet.

Neben den durch die Hospizbewegung feststellbaren Tendenzen der Enttabuisierung ist eine oben bereits erwähnte neue Entwicklung in der Bestattungskultur seit den 1980er Jahren festzustellen, da durch die Krankheit AIDS „der Tod im Alltag vieler, gerade junger Menschen präsent (wurde)" (FISCHER 2001, 2). Die oft fehlende Verwurzelung im christlichen Glauben und den in diesem verankerten Bestattungsritualen mag wohl einer der Hauptgründe dafür gewesen sein, innovative Formen von Abschied und Trauer zu entwickeln. So wird seitdem „mit neuen Ausdrucksformen und Ritualen bei der Bestattung experimentiert. Eine fast spielerisch bunte Palette ist entstanden, die inzwischen weit über das eigene Umfeld hinauswirkt und die gedankenlose Bestattungsroutine aufzubrechen hilft" (FISCHER 2001, 2). So sind viele Trauerfeiern, bei denen Texte, individuelle Rituale und Musik phantasievoll arrangiert werden, von Angehörigen und Freundinnen und Freunden selbstorganisiert und es werden Gedichte sowie Briefe an den Verstorbenen vorgelesen. Es ist demnach zu vermuten, dass gerade der *frühe* Tod zu einem Aufbrechen der stark verbreiteten, verschämten und/oder gedankenlosen Routine im Umgang mit verstorbenen Menschen führte.

(Aus: *Und was kommt dann? Das Kinderbuch vom Tod* von Pernilla Stalfelt)

Auch Bestatter*innen sowie eine wachsende Anzahl von Bestatterinnen wirken zunehmend mit an dieser Neugestaltung der Trauerkultur, bieten individualisierte Formen des Abschieds durch die persönliche Gestaltung von Trauerfeiern in individuell dekorierbaren Räumen, zum Teil sehr außergewöhnlichen Zeitungsanzeigen und dem Angebot von Trauerseminaren und Vorträgen an (vgl. Wrede 2018).

In diesem Zusammenhang kann auch auf die Möglichkeit der innovativen Gestaltung des Sargs hingewiesen werden. So wird zunehmend von der Möglichkeit Gebrauch gemacht, „den Sarg für das Begräbnis selbst zu schreinern oder den Sarg zu bemalen, weil die traditionellen Särge nicht dem Geschmack und der Lebensweise der Verstorbenen entsprechen" (SAX u. a. 1993, 92). Als beeindruckendes Beispiel für die individuelle Gestaltung eines Sarges und den damit einhergehenden Prozess kann auf den Bericht von Dieter Stuttkewitz verwiesen werden, der bereits viele Jahre vor deren (möglichen) Tod, Särge für seine beiden lebensverkürzend erkrankten Kinder anfertigte (vgl. STUTTKEWITZ 2015).

„Alle waren begeistert von dem Grassarg, der zu leben schien und dem Tod seinen Schrecken nahm."

(MARSCHNER 2003, 38)

Die Bestatterin Claudia Marschner beschreibt die kreative Gestaltung des Sarges einer Jugendlichen, die nach langer Krankheit gestorben war, durch ihre Angehörigen und Freundinnen und Freunde in den Räumen des Bestattungshauses:

„Ich legte den Raum mit Folie aus und platzierte den leeren Sarg auf zwei Holzböcken. Einige Tage später kam die Mutter mit ihren Freunden und denen der Tochter. Eine Frau hatte ihren vierjährigen Sohn mitgebracht. Ein junger Mann stellte einen Ghettoblaster auf und legte eine Kassette mit klassischer Musik ein. Er holte Getränke und Gebäck aus einem Rucksack und gab jedem einen Becher. Noch etwas unsicher sahen sich alle den Sarg genauer an und konnten es nur schwer fassen, dass ihre Freundin dort für immer liegen sollte. „Ist der Sarg wirklich leer?", vergewisserten sie sich fast einstimmig bei mir. Sie hätten wohl sonst das Gefühl gehabt, mit ihrer Arbeit die Totenruhe zu stören. „Wir haben in einem benachbarten Stadtbezirk spezielle Räume für die Verstorbenen", beruhigte ich sie. „In meinem Geschäft stehen nur Särge zur Ausstellung."

Der kleine Junge, Kai, war recht unbeteiligt an dem Geschehen und versuchte Dicki, meinen kleinen Hund, mit einer bunten Feder zu sich zu locken. Der war sofort zum Spiel bereit, und ehe ich ihn zurückrufen konnte, stieß er einen Becher mit roter Farbe um. Alle lachten. „Dicki will uns wohl zu verstehen geben, dass wir uns ans Werk machen sollen", sagte ein Mädchen. Ein junger Mann kam zu mir. „Darf ich mich ein bisschen zu Ihnen setzen?" fragte er. „Das geht mir doch alles ganz schön nah." Ich gab ihm einen Becher Kaffee und eine Zigarette, und er sprach weiter: „Ich hätte nie gedacht, dass ich mal Stefanies Sarg anmalen würde. Ich habe überhaupt noch nie mit dem Tod zu tun gehabt." Ich war sicher, dass die besondere Art, wie Stefanie und ihre Mutter mit dem Tod umgingen, die Einstellung dieses jungen Mannes zu Tod und Sterben positiv beeinflussen würde.

Frau Kärlich (Stefanies Mutter) hatte eine genaue Vorstellung von der Gestaltung des Sarges. An das Fußende zeichnete sie in zarten rosa Tönen eine Ballerina, um sie herum Wolken und Sterne. Der kleine Kai betrachtete die gemalte Tänzerin. „Jetzt kann sie tanzen", sagte er. Alle nickten und stimmten zu. „Was für ein schöner Gedanke!" sagte die Mutter bewegt.

Nun hatten auch die anderen begonnen, die beiden Seitenflächen des Sarges mit großen Regenbögen zu bemalen. Es wirkte, als würden sie den Füßen des Sarges entspringen und sich oben in prächtiger Farbe entfalten. Die Freunde klebten dicht bunte Glassteine, Muscheln und Federn auf den Sarg. Sie ließen dabei kleine Quadrate frei, in die sie später ihre Namen schrieben. Die ganze Zeit erklang im Hintergrund die Musik, die der junge Mann aufgelegt hatte. Die Freunde erzählten sich von den persönlichen Erlebnissen mit dem Mädchen, sie scheuten sich nicht zu weinen oder zu lachen. Manchmal machte einer eine Pause, setzte sich auf den Boden, rauchte eine Zigarette oder nahm sich etwas zu trinken und beobachtete die anderen bei der Arbeit. Schon vor der eigentlichen Trauerfeier auf dem Friedhof nahmen sie Abschied, und es war zu spüren, dass sie von Stunde zu Stunde ruhiger und gelöster wurden. Nach einem halben Tag war ihr Werk vollbracht und alle freuten sich über dieses letzte Geschenk."

(MARSCHNER 2003, 39)

Dieses Beispiel verdeutlicht die Entwicklung hin zu einer veränderten Form des Umgangs mit traditioneller Trauerkultur, die, so Fischer bereits Ende der 1990er Jahre, „allmählich jene verbissen-scheinheilige Seriosität zu verlieren (scheint), die die traditionellen Pietätsvorstellungen mit sich brachten“ (FISCHER 1997, 171).

Es kann zusammenfassend festgestellt werden, dass trotz der Todesverdrängung aus dem kollektiven Bewusstsein zum einen die individuell zu beantwortenden Fragen nach dem persönlichen Tod, dem Sterben und der Endlichkeit des Lebens für den einzelnen Menschen bestehen bleiben. Zum anderen lassen sich ausgelöst durch verschiedene gesellschaftliche Bewegungen wie die Hospizarbeit oder neue Wege der Bestattungskultur deutliche Tendenzen eines offeneren, interessierteren und mutigeren Umgangs mit der Endlichkeit des Lebens beobachten.

3.2 Gründe für eine pädagogische Auseinandersetzung

„Peggy Blue und ich haben viel im medizinischen Wörterbuch gelesen,
Peggys Lieblingsbuch.
Krankheiten sind ihre Leidenschaft, und sie fragt sich,
welche sie später mal kriegen wird.
Ich habe nach den Wörtern gesucht, die mich interessieren:
‚Leben', ‚Tod', ‚Glaube', ‚Gott'.
Ob Du's glaubst oder nicht: die standen nicht drin!
Nun gut, das beweist wenigstens, dass es keine Krankheiten sind,
weder das Leben noch der Tod, noch der Glaube, noch Du.
Was eigentlich eine gute Nachricht ist.
Aber trotzdem, in einem so ernsthaften Buch
sollte es doch auf die allerernsthaftesten Fragen Antworten geben, oder?
„Oma Rosa, ich finde, in dem Medizinischen Wörterbuch
stehen bloß ganz spezielle Sachen drin,
Probleme, die diesem oder jenem Menschen widerfahren können.
Aber die Dinge, die uns alle angehen, kommen gar nicht vor:
das Leben, der Tod, der Glaube, Gott."
„Vielleicht solltest du mal in einem Philosophischen Wörterbuch nachschlagen, Oskar.
Aber selbst das könnte dich enttäuschen,
auch wenn du dort die Ausdrücke findest, die du suchst.
Für jeden Begriff stehen da mehrere, sehr unterschiedliche Antworten."
„Wie kann das sein?"
„Die interessantesten Fragen bleiben immer Fragen.
Sie bergen ein Geheimnis. Jeder Antwort muss man ein ‚vielleicht' hinzufügen.
Nur uninteressante Fragen haben eine endgültige Antwort."
„Sie meinen also, für ‚Leben' gibt es keine Erklärung?"
„Ich meine, für ‚Leben' gibt es mehrere Erklärungen, also gar keine."
„Genau das, was ich denke, Oma Rosa,
es gibt keine Erklärung fürs Leben,
man muss einfach leben."

(Aus: *Oscar und die Dame in Rosa* von Eric-Emmanuel Schmitt)

„Abschied, Sterben, Verlust und Tod sind nichts Fremdes, Neues, das auf einmal bedrohlich in unser Leben eindringt: Es sind Urerfahrungen unseres Lebens" (SPECHT-TOMANN/TROPPER 2000, 8). So gehören die alltäglichen Phänomene wie das Auf- und Untergehen der Sonne, das Einschlafen und wieder Aufwachen, das Abschiednehmen und Wiedersehen sowie das durch die Jahreszeiten ersichtliche Werden und Vergehen in der Natur zu unseren angstfrei und als natürlich und normal wahrgenommenen alltäglichen Erlebnissen. Auch Kinder trauern über Verluste von Spielzeugen, Haustieren oder auch den nicht greifbaren scheinbaren Verlust, wenn eine geliebte Person für einen kurzen Moment den Raum verlässt. Gerade der Verlust des Haustieres, der häufig der erste bewusst erlebte Tod eines Lebewesens darstellt, hinterlässt bei vielen Kindern eine bleibende Erinnerung als eindrucksvolles Todeserlebnis.

> „Als mein Hund Blitz gestorben ist, war ich zuerst furchtbar traurig. Aber Mama sagt: Die Zeit heilt alle Wunden. Ich habe jetzt wieder einen Hund. Der ist mein neuer Freund geworden. Trotzdem habe ich Blitz nicht vergessen. Jeden Tag besuche ich sein Grab im Garten und erzähle ihm, was alles so passiert ist. So bleibt er bei mir. Und ich glaube, ihm ist es auch lieber, wenn ich wieder lachen kann“ (BRUMANN/KNOPFF/STASCHEIT 1998, 94).

Aus diesem Grund wird häufig die Haustierhaltung für Kinder auch aus dem Grund empfohlen, dass dieses Verlusterlebnis und der Umgang mit diesem Weichen für spätere Erfahrungen mit Sterben und Tod stellen. Ein schulpädagogisches Praxisbeispiel für die Funktion von Haustieren für den Umgang mit dem Tod beschreibt Astrid Kaiser (1994).

Aber auch in den Medien erleben viele Kinder schon früh, dass der Tod existiert. Dies hat zur Folge, dass für sie Tod ein gewaltsamer und unnatürlicher Akt ist. In den Nachrichtensendungen ist von Unfällen, Kriegen und Katastrophen die Rede, in Filmen wird erschossen, erstochen und vergiftet und in Cartoons und Zeichentrickfilmen werden gewaltverherrlichende Helden wiederholt überfahren, zerschmettert und in Teile gerissen, ohne sich dabei zu verletzen. Auch viele Computerspiele haben das Töten von menschlichen oder mystischen Gestalten zum Ziel. So rechnen Medienexpert*innen damit, dass jedes Kind bis zu seinem 12. Geburtstag 14.000 Leichen gesehen hat. Aber die Medien bieten keinerlei Möglichkeiten der Aufarbeitung der mit dem Gesehenen ausgelösten Emotionen!

Die Ausführungen machen die Notwendigkeit des pädagogischen Aufgreifens der Themen Sterben und Tod in der Schule deutlich. Kinder sollten mit dem Erlebten nicht alleine gelassen und somit ihren eigenen Phantasien überlassen werden.

So wie Kinder grundsätzlich alles, was sie umgibt, verstehen möchten und zu allem Fragen entwickeln, haben sie auch einen interessierten Klärungsbedarf zu den Phänomenen Sterben und Tod. Sie wollen nachsehen und begreifen, wie, wann und warum etwas stirbt, wie etwas Totes verdorrt, vermodert oder sich anderweitig in seinem Aussehen und seiner Konsistenz verwandelt. Vor allem die Frage, in was es sich verwandelt, stellt für sie einen zentralen Aspekt ihrer Überlegungen dar. Kinder wollen ganz sachlich aufklären, was Sterben, Tod und Tod-Sein eigentlich bedeutet. Um dies herauszufinden, befassen sie sich unbekümmert mit dem Körper eines toten Tieres, beobachten diesen, fassen ihn an und untersuchen ihn.

Diese Unbekümmertheit, die Kinder in der Regel im Kontakt mit einem toten Tier an den Tag legen, zeigt die Erfahrung im Rahmen einer Ausstellung des einzigen deutschen Museums für Sepulkralkultur in Kassel. Kinder und Jugendliche, die die Ausstellungen dort besuchen, sind in der Regel begeistert und neugierig – oft im Gegensatz zu ihren erwachsenen Begleitpersonen, die zum Teil eher eingeschüchtert wirken. Besonders angetan waren die Kinder von einem ganz bestimmten Ausstellungsstück, dem Sarg. „Wo Erwachsene schon beim Anblick eines Sarges erschaudern, gucken Kinder ganz genau hin. Und nicht nur das: Sie legen sich probehalber hinein und machen sogar den Deckel zu" (UNVERZAGT 2004, 66). Bei einer Ausstellung wollten so viele Kinder ‚Probeliegen', dass nach fünf Wochen ein neuer Sarg bestellt werden musste und seither folgender Hinweis den Sarg ziert:

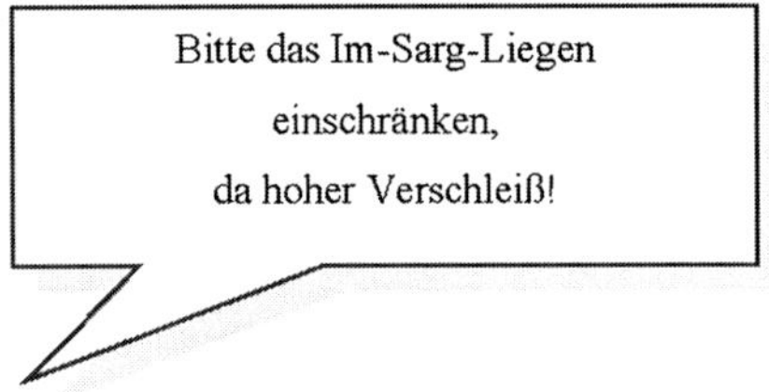

Demnach gibt es eine Fülle von Anzeichen dafür, dass Kinder am Tod interessiert sind, über ihn nachdenken und ihn – je nach Erlebnis und eigener Phantasie – fürchten. Dies ist auch abhängig vom Todeskonzept, über das Kinder in unterschiedlichen Alters- und Entwicklungsstufen verfügen.

Als wichtigste Untersuchung zur Entwicklung des Todeskonzeptes von Kindern im Grundschulalter gilt immer noch eine Studie der Ungarin Nagy aus den späten 30er Jahren des vergangenen Jahrhunderts. Deren Ergebnisse wurden durch Folgestudien, die seit den 70er Jahren vor allem in den USA und Kanada durchgeführt wurden, weitgehend bestätigt. Hannelore Wass fasst die wichtigsten Erkenntnisse der drei Phasen umfassenden Entwicklung der Todesvorstellungen folgendermaßen zusammen:

> „Phase 1 kennzeichnet die Phase der noch nicht fünfjährigen. Kinder in dieser Gruppe verstehen den Tod als Abreise, als Schlaf oder als einen anderen Zustand vorübergehender Einschränkung (beispielsweise glauben sehr junge Kinder, dass die Toten noch atmen, denken und fühlen können). In Phase 2, im Alter zwischen 5 und 9 Jahren, beginnt das Kind zu verstehen, dass der Tod endgültig ist, und es konzentriert sich nun auf die Ursachen des Todes. In dieser Gruppe wird der Tod als ein von außen aufgezwungenes, unberechenbares Ereignis verstanden, das vom ‚schwarzen Mann', vom ‚Knochenmann' oder vom ‚Todesengel'

> gebracht wird. In Phase 3, mit 9 und mehr Jahren, erkennen Kinder, dass der Tod kein zufälliges Ereignis ist, sondern sowohl durch innere als auch durch äußere Einflüsse verursacht und unvermeidlich ist".
>
> (WASS 2003, 88)

Es ist zwar davon auszugehen, dass gesellschaftliche Veränderungen in den vergangenen Jahrzehnten und die bereits erwähnten Einflüsse der Darstellung von Tod in den Medien Auswirkungen auf die Entwicklung von Todeskonzepten (siehe auch Abschnitt 1.1) haben. Fundierte Belege für die Bestätigung dieser Annahme fehlen bislang jedoch.

Folgende Aussagen von Kindern zeigen ihre unterschiedlichen Vorstellungen vom Tod in verschiedenen Altersstufen:

„Mein Opa ist tot. Er liegt unter der Erde, im Sarg. Ich habe ihm ein Bild gemalt. Das kann er im Himmel anschauen."
(Ida, 5 Jahre)

„Wenn ich tot bin, liege ich in einem Sarg. Dort ist es ganz dunkel. Auch die Hasen sterben, die Vögel – und überhaupt alle Tiere, wenn sie alt sind. Auch unser Hund Tino ist gestorben. Er war sehr krank. Aber nur wir Menschen bekommen einen Sarg. Ich möchte Blumen auf meinem Grab."
(Agnes, 8 Jahre)

„Im Himmel bin ich dann bei Gott. Eigentlich möchte ich noch einmal auferstehen. Vielleicht kann ich noch einmal auf die Welt kommen? Dann fängt alles ganz von vorne an, wird ganz neu sein."
(Thomas, 10 Jahre)

„Ich glaube, dass wir alle an einen Ort kommen, wo es ganz licht und schön ist. Unser Körper wird zerfallen – aber unsere Seele wird frei sein und fliegen. Niemand wird mehr Schmerzen haben, oder traurig sein oder weinen müssen. Wir werden alle Menschen wiedersehen, die schon gestorben sind. Vielleicht können wir dann zusammen auf die Erde schauen."
(Alexandra, 12 Jahre)

(Alle Zitate sind entnommen bei SPECHT-TOMANN/TROPPER 2000, 103)

In Bezug auf mögliche Ängste und Befürchtungen, die Kinder mit Blick auf den Tod entwickeln, lassen sich aus den äußerst unterschiedlichen diesbezüglichen Untersuchungen drei zentrale Ergebnisse zusammenfassen:

1. Die Angst vor Tod, Gefahr und dem Unbekannten zählt zu den zehn häufigsten Ängsten bei Kindern im Alter zwischen sieben und 18 Jahren. Zu diesen Ängsten gehören im Wesentlichen die Ängste vor dem Verlassensein, vor dem Tod durch Gewalteinwirkung, dem Tod durch Krankheit oder Alter, vor dem Verlust geliebter Bezugspersonen, vor dem eigenen Sterben und vor dem Geschehen nach dem Tod.

2. Quantität und Qualität der Ängste unterscheiden sich in verschiedenen Alters- und Entwicklungsstufen der Kinder. Werden Angstreaktionen im Säuglings- und Kleinkindalter vorrangig als undifferenzierte Ängste interpretiert, die in der evolutionären Bedrohung des Lebens begründet sind, hängen spätere Ängste mit dem Todeskonzept als vorübergehendem Zustand oder der Vorstellung, dass z. B. Eltern absichtlich oder auf Grund des Kindeswillens fortgegangen seien, zusammen. Haben Kinder ein reiferes Todeskonzept erworben, steigt auch ihre Angst vor dem Tod in seiner Unvermeidlichkeit. Diese Angst nimmt mit zunehmendem Alter in der Adoleszenz jedoch wieder ab.

3. Die Tatsache, dass Frauen größere Ängste vor dem Tod haben, zeigt sich bereits in der Kindheit. Hierbei sind außerdem Unterschiede dahingehend festzustellen, dass Mädchen vor allem Ängste vor Unfällen und dem Tod von Familienangehörigen entwickeln, während sich Jungen vorrangig mit gewaltsamen Todesarten beschäftigen (vgl. WASS 2004, 90 f).

Es ist davon auszugehen, dass auch die Corona-Pandemie Einfluss auf die todbezogenen Ängste von Kindern genommen hat. So konnte in einer bundesweiten Erhebung festgestellt werden, dass sich u. a. das psychische Wohlbefinden der Kinder in den Zeiten des Lockdowns verringert hat und emotionale Probleme zugenommen haben (vgl. DEUTSCHES ÄRZTEBLATT 2020, 340). Es ist zu vermuten, dass das gerade für jüngere Kinder nur schwer fassbare Zusammenspiel von Infektion, Erkrankung, Tod und eigener Verantwortung für diese Situation, die durch das Tragen von Mund-Nase-Bedeckungen sowie die erfahrenen Kontaktbeschränkungen erlebbar wurde, auch die subjektiven Vorstellungen vom Tod tangiert. Da der Tod in dieser Zeit vorrangig als Bedrohung präsentiert wurde, hat dies voraussichtlich zu eher angstbesetzten Todesvorstellungen beigetragen, die wiederum mit bisherigen Todeserfahrungen abgeglichen werden müssen.

Neben den vielfältigen Verlust- und Todeserfahrungen von Kindern, ihrem natürlichen Interesse an allen Themen, die mit Sterben und Tod in Verbindung stehen, verdeutlichen auch die todbezogenen Ängste und Befürchtungen die Notwendigkeit der offenen Begleitung und Enttabuisierung – seit Corona mehr denn je! Im Folgenden werden deshalb die bereits aufgeführten Aspekte um die Darstellung der schulpädagogischen Begründungen ergänzt, die zum einen gesellschaftlicher Art sind und sich zum anderen aus dem Bildungsauftrag der Grundschule ableiten lassen.

3.3 Sterben und Tod als Themen in der Grundschule

Es ist bereits vermutet worden, dass die schulische Behandlung von Sterben und Tod eher selten stattfindet. Hierfür sind vor allem gesellschaftliche Verdrängungs- und Tabuisierungstendenzen gerade in Bezug auf Kinder verantwortlich, von denen sich natürlich auch Lehrerinnen und Lehrer nicht frei machen können.

Ein Blick auf die vorhandenen Rahmenrichtlinien für die Grundschule – hier exemplarisch die Rahmenrichtlinien des Bundeslandes Niedersachsen – unter dem Aspekt der Behandlung von Sterben und Tod, zeigt, dass sich die Schülerinnen und Schüler in den Klassen drei und vier mit diesen Themen auseinandersetzen dürfen. In den weiterführenden Schulen ist für alle Schulformen eine verbindliche Beschäftigung mit der Thematik in den Stufen neun und zehn vorgesehen. Dies kann damit begründet werden, dass „das Jugendalter eine Lebensphase darzustellen scheint, in der dem Todesthema mit größerer Offenheit begegnet werden kann bzw. begegnet wird" (REUTER 1994, 15). Hier ist jedoch zu hinterfragen, ob nicht in jeder Altersstufe mit unterschiedlichen Inhalten von einer Offenheit bezüglich der Thematik gesprochen werden sollte. Explizit wird die Thematik im Fach Religion für die Grundschule erwähnt. Obwohl meist Themen angesprochen werden, die sich auf biblische Inhalte beziehen, wird stets die Möglichkeit offengehalten, tiefer in die Thematik einzusteigen und diese auch auf eigene Erlebnisse, Ängste und Vorstellungen der Kinder auszuweiten. Auch wenn dieser Schritt scheinbar recht frei in der Hand der einzelnen Lehrkraft zu liegen scheint, zeigt folgende Tabelle die verbindlich vorgeschriebenen Themen, die den Bereich der christlichen Auferstehungslehre verlassen und eine direkte Auseinandersetzung mit Sterben und Tod sowie Fragen nach dem Sinn des Lebens in der Grundschule beinhalten.

Tab. 1 Todbezogene Inhalte des Religionsunterrichts der Klassen 3 und 4 nach Niedersächsischen Rahmenrichtlinien (vgl. FELLER/GABAUER 2005, 73).

Fach	Katholische Religion	Evangelische Religion
	Klasse 3-4	Klasse 3-4
Inhalte	„Situationen von Leid und Not in der eigenen Umgebung nennen können" „Was kommt nach dem Tod?" „Woher kommt die Welt?"	„Über Leben und Tod nachdenken" „Die Angst der Menschen vor dem Tod verstehen und doch das Leben bejahen" „Verständnis haben für die Trauer und nach Möglichkeiten suchen, wie Menschen getröstet werden können"

Auch in den Rahmenrichtlinien des Sachunterrichts vieler Bundesländer werden die Themen Sterben und Tod ausdrücklich angesprochen. Da die Bildungsziele des Sachunterrichts darauf ausgerichtet sind, Schülerinnen und Schüler darin zu unterstützen, ihre Lebenswirklichkeit zu erschließen, fällt auch der Tod als Bestandteil des Lebens in diesen inhaltlichen Bereich. Für die Fachdidaktik des Sachunterrichts wird deshalb festgestellt: „Die Frage des Todes gehört fundamental zum Leben in der Welt und ist damit ein wichtiges Problem des Sachunterrichts" (KAISER 1998, 203).

Wenn in den Lehrplänen und Lehrbüchern auf Fragen nach Sterben und Tod eingegangen wird, geht es meist um den Tod eines anderen Lebewesens. Auf die Auseinandersetzung mit dem eigenen Tod wird weitgehend verzichtet. Diese ist aber erforderlich, um Kindern und Jugendlichen die eigene Sterblichkeit bewusst zu machen und sollte dementsprechend auch Einzug in die unterrichtliche Auseinandersetzung finden.

Auch wenn die Analyse der verschiedenen Rahmenrichtlinien und Bildungsziele der unterschiedlichen Schulformen und Fächer die mögliche und teilweise sogar verbindliche Berücksichtigung der Themen Sterben und Tod vorsehen, bleibt jedoch ungeklärt, ob diesem Auftrag im Rahmen des Unterrichts tatsächlich nachgegangen wird. Auch wenn zu dieser Frage keine wissenschaftlichen Untersuchungen vorliegen, lassen die Erfahrungen der meisten Menschen in ihrer Schulzeit das Gegenteil vermuten.

Sind Lehrerinnen und Lehrer bereit, sich im Unterricht mit thanatalen Themen zu beschäftigen, empfehlen Schroeder u. a. drei verschiedene Kontexte der Thematisierung zu unterscheiden:

1. „In der Klasse (in der Schule) gibt es eine Schülerin, die an einer lebensbedrohlichen Krankheit leidet.
2. In der Klasse (in der Schule, z. B. in der Parallelklasse) gibt es einen Schüler, der aktuell den Verlust eines nahestehenden Menschen verkraften muss.
3. In der Klasse gibt es keinen solch konkreten Anlass. Krankheit, Sterben, Tod und Trauer sind demzufolge eher „Sachthemen", mit denen sich die Schüler z. B. in den Formen eines fächerübergreifenden Unterrichts oder auch nur in der Unterrichtszeit befassen sollen, die für einzelne Fächer wie Deutsch, Ethik/ (christlicher) Religionsunterricht, Kunst, Musik und Gemeinschaftskunde oder auch Humanbiologie vorgesehen ist."

   (SCHROEDER u. a. 2000, 224).

Sinnvoll scheint es, *grundsätzlich* für die Thematisierung von Krankheit, Sterben und Tod zu plädieren, ohne dass hierfür ein unmittelbarer Anlass besteht, da sich Lehrerinnen und Lehrer so in einer vergleichsweise entspannteren Situation und frei von dem Druck, auf aktuelle Ereignisse reagieren zu müssen, einen Zugang zu dieser Thematik erarbeiten können. Hier sollten Lehrkräfte ihre eigenen Kompetenzen und Ressourcen aber auch weitere Faktoren wie das Alter der Schülerinnen und Schüler, kulturelle und religiöse Traditionen und Prägungen sowie die Art des konkreten Anlasses mit in die Entscheidung für einen der drei Kontexte einfließen lassen.

In der Gegenwart lebensverkürzend oder lebensbedrohlich erkrankter Schülerinnen oder Schüler (*Kontext 1*) können Unterrichtsangebote sinnvoll sein, in denen die in unterschiedlichen Kulturen bestehenden Vorstellungen von Sterben, Tod sowie dem „Danach" thematisiert werden. Ohne hierzu scheinbar allgemeingültige Vorstellungen zu vermitteln, geht es eher darum aufzuzeigen, „wie sich Menschen im Laufe der Geschichte und unter ganz verschiedenen Bedingungen mit diesen Fragen auseinandergesetzt haben und auseinandersetzen, zu welchen Resultaten sie kommen und welche Wirkungen dies für sie hat" (SCHROEDER u. a. 2000, 226). Ausgangspunkt können hier die Vorstellungen der Kinder oder Jugendlichen sein, die in Einklang oder im Unterschied zu den gesellschaftlichen Konzepten diskutiert werden können. Die Kenntnis der familialen Wertesysteme kann hierfür wichtige Anhaltspunkte liefern. Die Absicht des Vorgehens in Bezug auf den erkrankten Schüler oder die Schülerin liegt darin, diese(n) mit den eigenen Ängsten und Vorstellungen über das Sterben und den Tod nicht allein zu lassen, sondern Formen der Kommunikation bereitzustellen, durch die sich die Betroffenen aufgehoben und ernst genommen fühlen. Diese Kommunikation dient der vorwegnehmenden „Verarbeitung von Ängsten und damit der Ausbildung differenzierter zwischenmenschlicher Hilfen für Grenzsituationen des Lebens" (SCHMEICHEL 1983, 225). Hierbei ist es wichtig, sensibel den aktuellen Stand der Krankheitsbewältigung des Kindes, sein krankheitsspezifisches Wissen und seine Bedürfnisse nach Kommunikation zu berücksichtigen. Zudem ist als Ausgangspunkt der Auseinandersetzung immer zu beachten, dass Sterben und Tod zu kommunizieren bedeutet, sich mit dem Leben auseinanderzusetzen. Volker Daut schreibt hierzu auf der Grundlage von Interviews mit lebensverkürzend erkrankten Jugendlichen:

> „Kinder und Jugendliche mit lebensbedrohlichen Erkrankungen sind zunächst Kinder und Jugendliche, die mitten im Leben stehen, auch wenn sie wahrscheinlich früher sterben werden als andere. Ihr Bedürfnis nach Leben ist genauso lebendig wie bei den meisten anderen Menschen auch. Sterben und Tod sind zwar durchaus in ihrem Bewusstsein, aber das bedeutet nicht, dass sie dauernd darüber nachgrübeln, dass dieses Thema ihren Alltag bestimmt." (DAUT 2011, 106)

Unabhängig von der Einbettung der Thematik in den Unterricht empfiehlt Ortmann auch Morgenkreise und Gesprächsrunden am Wochenbeginn und -ausklang als „bewährte und zieleinlösende Möglichkeit zur Gesprächsanregung" (ORTMANN 1995, 165).

Zwei Beispiele für die Begleitung progredient erkrankter Kinder in der Schule und die damit einhergehende Auseinandersetzung in den beteiligten Schulklassen finden sich in den Erfahrungsberichten ihrer Lehrerinnen Elisabeth Hensel und Sabine Papenburg (vgl. HENSEL 2015, PAPENBURG 2015) sowie im Text von Körblein (2008), der die Begleitung einer Klasse in ihrem Trauerprozess beschreibt.

Neben dem Gespräch wählen lebensverkürzend erkrankte Kinder häufig auch Bilder, um ihre Gefühle auszudrücken. Dies zeigt folgendes Beispiel:

> „Ein zwölfjähriger Junge malte den ganzen Tag, wie unter Zwang, Ottifanten. Sie waren gerade in Mode, als er noch zur Schule ging. Er konnte sie sehr gut zeichnen und wurde von den anderen darum bewundert. Die Ottifanten stammten für ihn aus einer besseren Zeit, in der er noch gesund war. Da er der Meinung war, dass er nicht sterben wird, solange er sie malt, hielt er sich daran fest und zeichnete sie ständig.
> Dies wird dahingehend interpretiert, dass die Ottifanten die Funktion eines magischen Zaubers enthielten und repräsentativ für seine längst verlorene Hoffnung standen."
> (IGSL 1999, 23)

Eine in Anlehnung an die Struktur des Deutschen Qualifikationsrahmens (DQR) vorgenommene Beschreibung von Kompetenzen, die Lehrkräfte in der Begleitung von Kindern und Jugendlichen mit lebensverkürzender Erkrankung und ihre Mitschüler*innen benötigen, ist in der nachfolgenden Tabelle zusammengefasst:

Tab. 2 Kompetenzen von Pädagog*innen in der Begleitung lebensverkürzend erkrankter Kinder und Jugendlicher (HILLMANN/JENNESSEN 2018, 233)

Fachkompetenz		**Personale Kompetenz**	
Wissen	**Fertigkeiten**	**Sozialkompetenz**	**Haltung**
– Kenntnis der spezifischen Sozialisations- und Lebensbedingungen bei lebensverkürzender Erkrankung – Kenntnis der Begleitungsaufgaben der Schülerinnen und Schülern – Kenntnis förderdiagnostischer Methoden, um eine adäquate schulpädagogische Begleitung prozessorientiert planen zu können – Kenntnis von Symptomen, um krankheitsbedingte Veränderungen im fortschreitenden Verlauf zu erfassen – Kenntnis von Unterstützungssystemen sowohl für betroffene Schülerinnen und Schüler sowie ihre Familien (z. B. Kinder- und Jugendhospize) als für die begleitende Lehrkraft (z. B. Supervision) – Kenntnis der zu respektierenden Grenzen in Bezug auf kulturelle Verbote, Werte und Wahlmöglichkeiten – Kenntnis der Bedeutung adäquater schulpädagogischer Begleitung für die erkrankten Schülerinnen und Schüler – Kenntnis von Prozessen antizipatorischer (d. h. vor Versterben) Trauer sowohl beim erkrankten Kind/Jugendlichen selbst als auch in seinem sozialen Umfeld – Kenntnis von Notfallplänen	– Fähigkeit, die körperlichen, sozialen, psychischen, sozialen und spirituellen Bedürfnisse der Schülerinnen und Schüler in der Gestaltung von Angeboten der Bildung und psychosozialen Begleitung angemessen zu berücksichtigen – Fähigkeit, den familiären Kontext der Schülerinnen und Schüler sowie seinen Einfluss auf das Erleben der eigenen Situation zu berücksichtigen – Fähigkeit, die Schülerinnen und Schüler zu befähigen, persönliche Dinge nach Bedarf und Wunsch zu bewältigen – Fähigkeit, in Elterngesprächen die besondere Situation von Familien mit lebensverkürzend erkrankten Kindern/ Jugendlichen angemessen zu berücksichtigen Fähigkeit der Unterstützung der Trauerarbeit – Fähigkeit zur angemessenen und sensiblen Kommunikation mit den erkrankten Schülerinnen und Schülern sowie ihren Familien – Fähigkeit, unterstützende schulische Handlungsbedingungen zu vereinbaren, die den eigenen Bedürfnissen und Belastungsgrenzen im Unterrichts- und Begleitungsprozess entsprechen	– Fähigkeit, die spezifische Lebenssituation der lebensverskürzend erkrankten Schülerinnen und Schüler mitfühlend zu begleiten – Fähigkeit die lebensverkürzend erkrankten Schülerinnen und Schülern und ihre Familien adäquat an allen schulpädagogischen Entscheidungen zu beteiligen – Fähigkeit, die Integration der erkrankten Schülerin/des erkrankten Schülers in den Klassenverband auch bei wiederholten oder längeren krankheitsbedingten Abwesenheiten aufrecht zu erhalten – Fähigkeit zur transdisziplinären Kooperation und Kommunikation zum Wohl des Kindes bzw. Jugendlichen innerhalb und außerhalb des Systems Schule – Fähigkeit, die Klasse und das Kollegium über den in absehbarer Zeit eintretenden Tod der erkrankten Schülerin/ des erkrankten Schülers zu informieren bzw. darauf vorzubereiten	– Wertschätzende und akzeptierende Haltung gegenüber dem lebensverkürzend erkrankten Schüler/ der lebensverkürzend erkrankten Schülerin und seiner/ ihrer Familie und deren Entscheidungen in Bezug auf den Umgang mit der palliativen Situation – Fähigkeit, sich eigener thematischer Stärken und Schwächen, moralischer und spiritueller Überzeugungen bewusst zu werden und diese zu reflektieren – Eigene Gefühlsreaktionen angesichts fortschreitender Erkrankung der Schülerin oder des Schülers sowie den damit verbundenen Verlusten von Fähigkeiten wahrzunehmen, zu würdigen und zu regulieren – Vertiefte Rollenklärung in Bezug auf die Funktion sowohl Lehrerin oder Lehrer als auch Begleitende/Begleitender für das erkrankte Kind/den erkrankten Jugendlichen zu sein

Die Thematisierung von Krankheit, Sterben und Tod mit trauernden Schülerinnen und Schülern (*Kontext 2*) richtet sich vor allem nach der Bedeutung, die der verstorbene Mensch für das Kind hatte. Verkraften Kinder den Tod von Geschwistern am schwersten – gefolgt von dem der Eltern – ist die Trauer über den Tod von Großeltern oder Freundinnen und Freunden stark von der Intensität der Beziehungen abhängig. Dies sollten Lehrkräfte auch nach dem Tod eines Schülers oder einer Schülerin beachten. So trauern nicht alle Kinder oder Jugendlichen gleich intensiv und benötigen demnach unterschiedliche Räume, Zeiten und Ausdrucksformen für ihre Trauer. Auch die Gestaltung von Ritualen des Abschiednehmens und der Trauer muss dementsprechend die Individualität der kindlichen Trauer berücksichtigen Als weiteres entscheidendes Kriterium gelten die näheren Umstände des Todes. So ist ein plötzlicher (Unfall-)Tod in der Regel schwerer zu verkraften, als wenn dem Sterben eine lange, schwere Krankheit vorausgeht, die ein allmähliches Ablösen und Abschiednehmen möglich macht. Wie eine Studie zu dieser Thematik aufzeigen konnte, findet die Auseinandersetzung über Sterben und Tod vor dem Versterben des Mitschülers oder der Mitschülerin mit den Mitschülerinnen und Mitschülern jedoch häufig nicht statt (vgl. ORTMANN/JENNESSEN 2003, 52). In diesen Fällen erleben sie den Tod des Kindes meist als plötzlichen unerwarteten Tod, vor allem wenn dieses die Schule krankheitsbedingt in den letzten Wochen oder Monaten nicht besuchen konnte.

Folgende Tipps für Schüler*innen, deren Klassenkamerad*in gestorben ist, können hilfreich sein:

- „Wenn man trauert, ist, was sonst vielleicht komisch ist, normal. Alles, was du jetzt denkst und fühlst, ist normal.
- Trau dich, so zu sein, wie du jetzt bist.
- Es kann für dich gut sein, wenn du mit anderen aus der Klasse oder mit den Lehrerinnen und Lehrern, zu denen du Vertrauen hast, darüber sprichst.
- Such dir auch andere, denen du von diesem Tod und deiner Trauer erzählen kannst.
- Tue Dinge, die du gern tust.
- Wenn du Vorschläge hast, was für eure Klasse gut sein könnte, bringe sie unbedingt vor. Vielleicht wollt ihr gemeinsam zum Grab gehen und dort etwas ablegen oder den Lieblingsplatz des/der Verstorbenen aufsuchen, oder ihr habt ganz eigene Ideen.
- Du kannst dich völlig normal verhalten. Du brauchst nicht stets betroffen zu sein, wenn dir nicht danach ist.
- Wenn es dir wichtig ist, nenne die verstorbene Mitschülerin oder den verstorbenen Mitschüler und erzähle von ihr/ihm, auch wenn der Tod schon länger zurück liegt.“ (WEBER/WIRTZ 2019, 87).

Stirbt ein einem Kind nahestehender Angehöriger empfiehlt sich vor der unterrichtlichen Bearbeitung der Thematik das persönliche Gespräch mit dem trauernden Schüler oder der Schülerin, um die Beziehung zu dem Verstorbenen und die daraus resultierende Trauer auch als Entscheidungshilfe für den Einsatz von Unterrichtsmaterialien zur Thematik zu nutzen.

Wichtig ist in diesem Zusammenhang auch, dass lange und schwere Erkrankungen eines Elternteils oder Geschwisters bei Kindern schon vor dem Tod eine Vielzahl an Themen aufwerfen. Zum Beispiel beschäftigen sie sich mit folgenden Fragen:

- „Darf ich auf meine Mutter bzw. meinen Vater oder meine Schwester bzw. meinen Bruder wütend sein?
- Was ist das für eine Krankheit?
- Wie kann ich meiner Mutter bzw. meinem Vater oder meiner Schwester bzw. meinem Bruder helfen?
- Warum muss meine Mutter bzw. mein Vater leiden?
- Wie soll ich mich in bestimmten Situationen verhalten? Darf ich Spaß haben, während jemand aus meiner Familie leidet?
- Mit wem kann ich reden?
- Werde ich auch krank? Muss ich auch sterben?“

(Deutscher Hospiz- und PalliativVerband 2017a, 22)

Diese Fragen zeigen, dass eine intensive Auseinandersetzung mit der Situation des schwerkranken Angehörigen bereits vor dem Tod stattfindet. Schule als relevanter Lebensort sollte Raum geben, sich mit diesen Fragen auseinandersetzen zu können. Auch nach dem Tod eines verstorbenen Angehörigen ist dies leider häufig nicht der Fall. So schreibt die erfahrene Trauerbegleiterin Stefanie Witt-Loers zur Situation trauernder Jugendlicher, dass diese „in ihrem sozialen Umfeld meist keine Sonderrolle einnehmen möchten, sich jedoch gleichzeitig gerade dort Verständnis für ihre schwere Lebenssituation wünschen. Trauernde Jugendliche machen in der Schule leider oft die schmerzliche Erfahrung, dass ihre Situation, obwohl das Umfeld informiert ist, ignoriert wird. Auf ihrer Suche nach Verständnis und Halt erleben sie, dass sie mit ihren Fragen, Sorgen und Gefühlen allein bleiben, vielfach sogar gemobbt und zum Außenseiter werden“ (WITT-LOERS 2014, 35). Diese Erfahrung kann auf die Situation von Kindern im Grundschulalter übertragen werden, die häufig noch weniger Kompetenzen haben, ihre diesbezüglichen Bedürfnisse zu formulieren. Umso wichtiger ist die Sensibilisierung der Lehrkräfte in den Schulen für die Situation trauernder Kinder, bei der es vor allem darum geht, den Verlust der Kinder wahrzunehmen und anzuerkennen sowie Unterstützung, Halt und Verlässlichkeit im schulischen Rahmen anzubieten.

Die schulische Thematisierung thanataler Inhalte ohne unmittelbaren Anlass (*Kontext 3*) wird mit den eingangs erwähnten Argumenten für die identitätsbedeutsame Auseinandersetzung mit der eigenen Endlichkeit begründet. Neben der kindgerechten Gestaltung der Themen Krankheit, Sterben und Tod sollten Lehrkräfte je nach Perspektive auf die Thematik unterschiedliche Medien und Sprach- und Interaktionsformen wählen. Sie können verschiedene Zielsetzungen verfolgen und erreichen somit auch unterschiedliche Resultate. Die Aspekte der Gegenwarts- und Zukunftsbedeutung und exemplarischen Bedeutung, wie sie in der Begründung und Analyse von Unterrichtsinhalten empfohlen wird, werden in der Auseinandersetzung mit thanatalen Themen umgesetzt. Alle drei Bedeutungsaspekte sind Bestandteile der vier Funktionsbereiche, wie sie von SCHROEDER u. a. (2000, 228 ff.) zur sachlichen Differenzierung der Thematik vorgeschlagen werden:

1 **Krankheit, Sterben und Tod als ein Gefüge von Fakten**

2 **Krankheit, Sterben und Tod als persönlich zu verarbeitende Erfahrungen**

3 **Krankheit, Sterben und Tod als gesellschaftlich zu regelnde Probleme**

4 **Krankheit, Sterben und Tod als durch kulturelle Traditionen bestimmte Inszenierungen**

Die im Einzelnen erforderlichen unterrichtsmethodischen Entscheidungen haben stets den jeweiligen Entwicklungsstand sowie die besondere Situation der Lerngruppe zu berücksichtigen. So liegt mittlerweile eine Vielzahl themenspezifischer Unterrichtsmaterialien vor, die von der Lehrkraft auf ihre jeweilige, häufig eher ausschnitthafte Verwendungsmöglichkeit hin kritisch geprüft und bewertet werden müssen.

Zu empfehlen sind beispielsweise folgende Unterrichtsmaterialien:

AMUAT, R. (2001) (Hrsg.). Last minute. Der Tod macht auch vor der Schule nicht Halt. 3. Auflage, Zürich.

BRUMANN, U./KNOPFF, H. J./STASCHEIT, W. (1998). Projekt Tod. Materialien und Projektideen. Mülheim an der Ruhr.

HAGE – Hessische Arbeitsgemeinschaft für Gesundheitserziehung e. V. (2003). Abschied. Mit Kindern über Leben und Sterben nachdenken. Kassel.

HOSPIZBEWEGUNG DÜREN-JÜLICH e. V. (2014) (Hrsg.). Hospiz macht Schule. 2. Aufl., Ludwigsburg (Materialsammlung S. 71–83).

ITZE, U./PLIETH, M. (2016). Tod und Leben. Mit Kindern in der Grundschule Hoffnung gestalten. Donauwörth.

WEBER, K./WIRTZ, P. (2019). Krankheit, Tod und Trauer in der Schule. Eine Praxishilfe zum achtsamen Umgang. Weinheim.

WEGLEITNER, K. et al. (2014) (Hrsg.). Tod – Kein Thema für Kinder? (Hinweise zum Download von Praxismaterialien S. 72 f.)

Eine umfangreiche und mit hilfreichen Abstracts versehene Zusammenstellung von Bilderbüchern, Kinderbüchern und Jugendbüchern findet sich in dem kontinuierlich und sorgfältig aktualisierten Bücherkatalog mit dem Titel „Kind und Tod" von Angelika Hunger (2020).

Der institutionell begründete Auftrag der Schule ist in den Schulgesetzen der Länder festgehalten. So ist beispielsweise in den jeweiligen § 2 der Schulgesetze der Bundesländer Niedersachsen und Nordrhein-Westfalen sinngemäß verankert, dass es eine Aufgabe von Schule ist, die Entfaltung der Persönlichkeit der Schülerinnen und Schüler zu fördern. Ebenso soll die Entwicklung der Selbstständigkeit sowie das Verantwortungsbewusstsein für das Gemeinwohl unterstützt werden. In Situationen, in denen die Reflexion der eigenen Vorstellungen gefragt ist, dort, wo eine intensive persönliche Auseinandersetzung stattfindet, findet Persönlichkeitsbildung statt. Durch den Austausch mit anderen werden die Entwicklung und somit auch die Vertretung der eigenen Meinung notwendig. Es liegt die Vermutung nahe, dass in der Auseinandersetzung mit den existentiellen Fragen des Lebens und der Bedeutung des Todes die oben aufgezeigten Bedingungen für die Entwicklung der Persönlichkeit gegeben sind. Außerdem kann die ebenfalls in den Schulgesetzen festgeschriebene staatsbürgerliche Verantwortung, die Grundrechte für sich und andere Menschen wirksam werden zu lassen in der Auseinandersetzung mit Sterben und Tod – z. B. durch die Beschäftigung mit der Situation kranker oder alter Menschen – herausgebildet werden.

Setzt sich Schule mit Sterben und Tod auseinander, erfüllt sie eine weitere bedeutende Aufgabe, nämlich die Bildung der Fähigkeit von Schülerinnen und Schülern nach „ethischen Grundsätzen zu handeln sowie religiöse und kulturelle Werte zu erkennen und zu achten" (NSCHG, § 2 (1); vgl. auch SCHULGESETZ NRW, § 2). Die Konfrontation mit dem Ende des Lebens ist zugleich eine Konfrontation mit unterschiedlichen religiösen oder persönlichen Vorstellungen zu den Fragen nach dem Sinn von Leben und Tod. Hierbei ist es zum einen wichtig, eine persönliche

Einstellung zu entwickeln und zum anderen die Meinungen anderer kennenzulernen und zu akzeptieren.

Um dem Auftrag der Schule gerecht zu werden, „sich umfassend zu informieren und die Informationen kritisch zu nutzen“ (NSCHG, § 2 (1)), müssen Schülerinnen und Schülern im Schulalltag entsprechende Möglichkeiten gegeben werden. Durch die Behandlung von gesellschaftlich wichtigen und vor allem vermeintlich schwierigen Themen kann dieser Auftrag erfüllt werden. Deshalb besteht die Notwendigkeit, gerade in der gesellschaftlichen Öffentlichkeit kaum berücksichtigte Themen in der Schule zu thematisieren. Für die Umsetzung dieser Forderung ist es wichtig, dass Schulen hierfür ihre räumlichen und zeitlichen Rahmenbedingungen so gestalten, dass für die Themen Leben, Sterben und Tod im Rahmen von Projekten, Projektwochen und Exkursionen ausreichend Raum verfügbar ist.

Wie bereits angedeutet, ist es für Kinder wichtig, Verlust- und Trauererfahrungen und die individuellen Phantasien, Vorstellungen und Interessen in Bezug auf Sterben und Tod äußern zu können und in der Verarbeitung ihrer Erfahrungen, Gefühle und Gedanken Unterstützung zu erhalten. In der Schule als wichtigem Lebens- und Erfahrungsraum der Kinder müssen diese Themen aufgenommen werden, um einerseits auf bestehende Fragen einzugehen und andererseits auf zukünftige Verlusterlebnisse vorzubereiten. Vor allem dann, wenn Grundschulkindern in ihrer Familie die Auseinandersetzung nicht oder nur oberflächlich möglich ist, wird die Relevanz der schulischen Bearbeitung des Themas offensichtlich.

Ein frühes Aufgreifen dieser existentiellen Themen scheint auch vor dem Hintergrund bedeutsam, dass „uns alle (...) unsere in der Kindheit erworbenen Konzepte, Bilder und Vorstellungen über den Tod und den Umgang mit diesem auch noch im Erwachsenenalter (begleiten)“ (HIRSCHBERG 2003, 6). Hier muss vor dem Hintergrund der tendenziell immer noch beobachtbaren gesellschaftlichen Tabuisierung zumindest die Schule einen Kommunikationsraum bieten, wenn sie zu einem zukünftig offeneren und bewussteren Umgang mit der Thematik beitragen möchte. Somit kann und sollte Tod als Teil des Lebens auch ein Teil des Schullebens werden. Die Befürchtung vieler Erwachsener gerade Grundschulkinder seien noch zu jung für eine solche Auseinandersetzung, führt häufig zur Vermeidung dieser Themen und lässt die Kinder mit ihren Fragen und Vorstellungen alleine. Ihnen fehlt dann die notwendige Orientierung, die Erwachsene meist stärker über Haltungen denn über Worte alleine transportieren. Hierfür entwickeln Kinder schon früh ein sensibles Gespür und merken, wenn Erwachsene trotz verbal geäußerter Offenheit Schwierigkeiten bei der Kommunikation thanataler Themen haben. Erleben Kinder dies in ihren Familien, müssen sich zumindest Lehrkräfte mit Sterben und Tod in einer Weise emotional, kognitiv und didaktisch auseinandersetzen, dass sie für die Kinder als verlässliche und ehrliche Kommunikationspartner*innen fungieren können. Gudjons formuliert dies folgendermaßen:

„Der Tod ist ein Thema der Pädagogik. Und: Der Tod ist pädagogisch“
(GUDJONS 1996,7).

Interessant ist in diesem Zusammenhang auch die in einer Studie von Lorion erkannte Verbindung von nicht oder nur unzureichend verarbeiteten Verlusterfahrungen und gewalttätigem Verhalten. So fand er heraus, dass eine unzureichende Bearbeitung von Trauererfahrungen und den mit diesen einhergehenden Sinnfragen des Lebens zu gewalttätigem Verhalten führen kann. In der Untersuchung von gewaltbereiten Jugendlichen ließ sich feststellen, dass 83 % dieser Jugendlichen Schwierigkeiten bei der Bewältigung allgemeiner Verlusterfahrungen haben und 52 % bereits eine geliebte und wichtige Person durch Tod verloren haben (vgl. LORION 2005). Auch aus diesen Ergebnissen lässt sich die gesellschaftliche und individuelle Notwendigkeit der schulpädagogischen Thematisierung ableiten.

Auch die Befürchtung vieler Lehrerinnen und Lehrer, dass durch die schulische Behandlung thanataler Themen Ängste der Kinder entstehen könnten, kann entkräftet werden. So zeigen Untersuchungen über die Auswirkungen der Auseinandersetzung mit Sterben und Tod, dass diese nicht zu einer Verstärkung von Ängsten führen, sondern vor allem ein verbessertes Faktenwissen, eine Sensibilisierung für todbezogene Themen sowie ein geschärftes Problembewusstsein zur Folge hat (vgl. WITTKOWSKI 1990, 171).

Als ein Projekt, das in den vergangenen Jahren in vielen Grundschulen Deutschlands dazu beigetragen hat, die Auseinandersetzung mit Sterben, Tod und Trauer zu ermöglichen, kann an dieser Stelle „Hospiz macht Schule“ der bundes hospiz akademie erwähnt werden. Zwischen 2007 und 2021 wurden ca. 7.000 Kinder in den dritten und vierten Klassen von ca. 300 Grundschulen durch von Hospizvereinen und ihren ehrenamtlichen Mitarbeiter*innen durchgeführten Projektwochen in Schulen erreicht. „Ziel des Projektes ist es, Kinder mit dem Thema ‚Tod und Sterben’ nicht alleine zu lassen. Im geschützten Rahmen sollen sie vielmehr die Möglichkeit bekommen, alle Fragen, die sie zu den Themen bewegen, zu stellen und so gut wie möglich beantwortet zu bekommen. Durch die Projektwoche gestalten die Kinder die 5 einzelnen Projekttage deshalb anhand ihrer eigenen Fragen, Erfahrungen und Potentiale und bekommen so ein wesentliches Empowerment in ihrer kulturellen Bildung zur ‚richtigen Zeit’ “ (www.hospizmachtschule.de). Hierbei werden die einzelnen Tage lediglich thematisch vorstrukturiert:

1. Tag: Werden und Vergehen – Wandlungserfahrungen

2. Tag: Krankheit und Leid

3. Tag: Sterben und Tod

4. Tag: Vom Traurig-Sein

5. Tag: Trost und Trösten

Ein Beispiel für eine nach dieser Struktur durchgeführte Projektwoche, die auch eine Beteiligung der Eltern beinhaltet, findet sich bei RUF-WERNER & SCHUSTER (2014).

Ein eigens für dieses Projekt konzipiertes Curriculum für die Qualifizierung der Ehrenamtlichen (vgl. HOSPIZBEWEGUNG DÜREN-JÜLICH e.V. 2014) ist Grundlage des Projekts, das von der bundes hospiz akademie koordiniert wird und über diese von Schulen angefragt werden kann (https://www.bundes-hospiz-akademie.de). Die Erfahrungsberichte der Durchführenden und ihre lebendigen Dokumentationen der Projektwochen (z. B. auch BERG & VENNEMANN 2014) sowie die Rückmeldungen der teilnehmenden Kinder zeigen, dass diese Art von zugleich strukturierter als auch offener und die Bedürfnisse der Kinder berücksichtigender Auseinandersetzung sehr gut geeignet ist, eine Auseinandersetzung mit Sterben, Tod und Trauer in der Grundschule zu initiieren, die auch über den direkten Projektkontext hinaus bedeutsam ist und in vielfältiger Form weiter bearbeitet werden kann.

Es ist davon auszugehen, dass diese Thematisierung zukünftig auch Fragen beinhaltet, die sich Kindern im Zusammenhang mit der Corona-Pandemie stellen oder aber gestellt haben. Auch wenn derzeit noch infektionsspezifische Aspekte die kindgerechten Medien dominieren, können auf dieser Grundlage auch damit einhergehende (schwere) Erkrankungen und das Sterben thematisiert werden. Eine Zusammenstellung verschiedener seit 2020 entwickelter Materialien zu COVID-19 für die Grundschule befindet sich im Anhang dieses Buches.

Insgesamt konnte in diesem Kapitel gezeigt werden, dass die Bearbeitung thanataler Themen in der Grundschule Kindern diesbezügliche Ängste nehmen oder aber die Entstehung derselben präventiv verhindern kann. Außerdem kann das Bewusstsein für die Endlichkeit des Lebens dazu beitragen, das Leben zu bejahen und eine selbstbewusste Lebenseinstellung zu begünstigen. Durch die Sensibilisierung und das erweiterte Faktenwissen kann ein emphatisches Verständnis für kranke und sterbende Menschen entwickelt und auch die eigene Bedürftigkeit nach Trost und Unterstützung erkannt und zugelassen werden. Durch die ‚vorbereitende Trauer' kann das Sprechen oder der anderweitige Ausdruck von Gefühlen, die mit Sterben, Tod und Trauer verbunden sind, geübt werden. Die Kinder können Ausdrucksformen entwickeln, auf die sie in schwierigen Zeiten der Verlusterfahrung zurückgreifen können.

Folgende Hinweise fassen die grundlegenden Überlegungen zum kindlichen Umgang mit Sterben und Tod noch einmal zusammen:

1. „Kinder müssen Gelegenheit bekommen, zu lernen, wie man trauert.
2. Kinder müssen die Möglichkeit bekommen, über die kleinen Verluste in ihrem Leben zu trauern.
3. Kinder müssen über Todesfälle in ihrer Umgebung informiert werden.
4. Kinder müssen lernen, die Endgültigkeit des Todes zu begreifen.
5. Kinder müssen die Möglichkeit bekommen, sich von Verstorbenen zu verabschieden.
6. Kinder müssen Gelegenheit bekommen, ihre Gefühle über einen Verlust durchzuarbeiten.
7. Kinder benötigen die Sicherheit, dass Erwachsene gut genug auf sich selbst achten, um für sie lange genug am Leben zu bleiben.
8. Kinder müssen wissen, dass bisweilen auch Kinder sterben.
9. Kinder müssen ermuntert werden, ihre Gefühle zu zeigen.
10. Kinder brauchen das sichere Gefühl, dass ihre Fragen ehrlich beantwortet werden".

(IGSL 1999, 37)

Neben den positiven Auswirkungen eines solchen Umgangs mit dem Thema für das einzelne Kind sind auch auf der gesellschaftlichen Ebene positive Effekte zu erwarten: Schülerinnen und Schüler können durch die thematische Auseinandersetzung in der Schule auch in der Gesellschaft zu einer weiteren Enttabuisierung von Sterben und Tod beitragen. Und zum Zeitpunkt der Thematisierung soll unter Verweis auf die oben bereits angeführten unterschiedlichen Kontexte festgestellt werden:

„Wenn wir uns fragen, wann in der Schule der geeignete Moment für das Thema Tod ist, dann kann die Antwort nur lauten: immer, doch immer anders. Wo das Leben aktuell ist, da ist auch das Thema Tod aktuell"

(AMUAT 1999, 10).

4. Tod und Sterben als Elemente von Schulkultur

In diesem Kapitel geht es um die Berücksichtigung der Phänomene Sterben, Tod und Trauer in der Schulkultur der Einzelschule. Zunächst wird aufgezeigt, warum es wichtig und hilfreich ist, thanatale Themen in die Kultur von Schulen zu integrieren. Anschließend werden diesbezügliche Positionen von Lehrerinnen und Lehrern vorgestellt und interpretiert, um daraus Möglichkeiten und konkrete Maßnahmen für Schulen abzuleiten, die sich mit existentiellen Fragen des Lebens auseinandersetzen möchten.

4.1 Chancen einer schulkulturellen Verankerung – der Blick auf das System Schule

Ausgangspunkt des Blicks auf die Institution Schule bei der Auseinandersetzung mit Wegen der Enttabuisierung thanataler Themen in der Schule ist *eine* grundlegende Annahme. So ist in fast aller Literatur, die sich mit der schulpädagogischen Auseinandersetzung mit Sterben, Tod und Trauer beschäftigt, immer von besonderen persönlichen, fachlichen und methodisch-didaktischen Kompetenzen derjenigen Lehrerinnen und Lehrer die Rede, die sich mit diesen Themen beschäftigen *möchten*. Falls sie mit einer Situation konfrontiert werden, in der ein Kind oder ein Angehöriger stirbt, *müssen* sie sich jedoch mit diesen Themen beschäftigen. Oder sie ignorieren die Bedürfnisse ihrer Schülerinnen und Schüler! Wie wir in den vorangegangenen Ausführungen gesehen haben, ist die Beschäftigung mit Sterben und Tod in sehr unterschiedlichen Zusammenhängen und somit auf sehr unterschiedlichen Niveaus möglich. Am einfachsten scheint eine themenbezogene Auseinandersetzung dann, wenn ohne aktuellen Anlass und ohne die unmittelbare Betroffenheit einzelner Kinder verschiedene Aspekte, die mit Tod in Verbindung stehen, thematisiert werden können. Hier besteht noch die geringste Befürchtung vieler Lehrkräfte, dass bei den Kindern Emotionen ausgelöst werden, die in der Schule nicht wieder aufgefangen werden und die Kinder in eine tiefe seelische Krise stürzen könnten.

Bei allen anderen Kontexten – z. B. der lebensbedrohlichen Krankheit eines Kindes oder einem schweren Verlusterlebnis beim Tod eines geliebten Menschen – sind die Anforderungen an die unterrichtenden Lehrkräfte höher. Sie sollen das betroffene Kind angemessen und tröstend unterstützen, die Mitschülerinnen und Mitschüler beraten, begleiten und aufklären und müssen dabei ihre eigenen Ängste und eventuellen Verlusterfahrungen, die eventuell ins Bewusstsein geraten, in den Griff bekommen. Die möglicherweise schwierigen Gespräche mit Eltern und anderen Familienangehörigen können in dieser Situation eine weitere Herausforderung darstellen. Hier stellt sich zurecht die Frage, wie Lehrerinnen und Lehrer diese Aufgaben, für die sie in der Regel in ihrer Ausbildung nicht vorbereitet wurden, bewältigen sollen. Der eine Weg stellt die gemeinsame Arbeit im Team der Schule dar, die Entlastung und Sicherheit bieten kann. Hierauf wird in Kapitel 5 noch ausführlicher eingegangen. Eine Alternative stellt der Einbezug der *Schule als Ganzes*, der Institution Schule, in die Thematik dar. So sollte davon ausgegangen werden, dass auch die Institution Schule ein Interesse an einem angemessenen Umgang mit existentiellen Fragen des Seins hat, wenn sie Schülerinnen und Schüler auf ein selbstbestimmtes Leben im Bewusstsein der eigenen Identität vorbereiten will. Lehrerinnen und Lehrer benötigen zur Erfüllung dieser Aufgaben strukturelle Hilfen, die sie in der Auseinandersetzung mit Sterben und Tod stärken und ihnen das Gefühl vermitteln, dass sie in der Beschäftigung mit diesen Fragen nicht alleine sind.

Sterben, Tod und Trauer müssen Bestandteile von Schulkultur sein, wenn Schule für sich in Anspruch nehmen will, Kinder ganzheitlich und offen auf ihrem Lebensweg zu begleiten und in der Bewältigung von Verlusterfahrungen zu unterstützen.

Wird davon ausgegangen, dass die Bewältigung von Stressoren – und als solcher wird die Konfrontation mit todnahen Themen von vielen Lehrkräften erlebt – nicht nur von den persönlichen Bewältigungsstrategien des Individuums, sondern auch von den umgebenden strukturellen Bedingungen abhängt, wird Schule hier eine bedeutende Funktion zugeschrieben. Diese kann sie positiv ausfüllen, wenn sie Lehrerinnen und Lehrer durch auf ihre Bedürfnisse angepasste Strukturen und einen konstruktiven Umgang mit Herausforderungen auf allen Ebenen der Schule unterstützt.

Ein weiterer, wenn auch in enger Verbindung zu dem oben angeführten Aspekt der Entindividualisierung stehender Grund, ist eine theoretische Sicht auf Pädagogik und Schule, die vor allem die Wechselwirkungen von Elementen in Systemen zum Ausgangspunkt ihres Denkens hat. Diese systemische Sicht stellt für die hier behandelte Fragestellung einen sinnvollen Ansatz dar, da sie das Individuum immer im Zusammenhang mit den es umgebenden Faktoren betrachtet. Mit der systemischen Erziehungswissenschaft hat sich eine Richtung in der Pädagogik entwickelt, die die Vernetzung einzelner Elemente eines Ganzen und ihre wechselseitige Beeinflussung zum Gegenstand hat.

Der Lebensraum des Menschen wird in der Systemtheorie in verschiedene Systeme eingeteilt, die in unterschiedlich naher Verbindung zum Individuum stehen, sich aber alle in Wechselwirkungen gegenseitig beeinflussen. Auch in der Pädagogik wird davon ausgegangen, dass eine individuelle und das Kind mit seinen jeweiligen Stärken und Schwächen annehmende Begleitung und Förderung nur dann gelingen kann, wenn das Kind nicht nur als Schülerin oder Schüler, sondern auch in seiner Funktion in der Familie, seiner Rolle in der Peergroup und unter Beachtung seiner Freizeitaktivitäten betrachtet und ernst genommen wird.

Dieser Einbezug der Schülerumwelten beinhaltet auch die ausdrückliche Berücksichtigung des sogenannten pädagogischen Bermuda-Dreiecks zwischen Lehrkräften, Schülerinnen/Schülern und Eltern. Aus systemischer Sicht wird die Einzelschule als System von Überschneidungen dieser drei Teilkulturen verstanden, die „über je eigene Regeln, Treffpunkte, Rituale, Gesprächsthemen etc. verfügen" (GÖHLICH 1998, 137). Dieses Verständnis von Schule beinhaltet eine beachtliche Erweiterung des gängigen Verständnisses von Schulkultur, das beispielsweise im „Aufbau einer schulinternen Unterstützungskultur, möglichst quer durch Lehrer-, Schüler- und Elternschaft" (GÖHLICH 1998, 145) zum Ausdruck kommt. Dieser Aspekt ist in diesem Buch für die innerschulische Bewältigung von Leid, Sterben und Trauer von besonderer Bedeutung und stellt die wichtigste Begründung für die Betonung der Perspektive der ganzen Schule dar:

Entwickeln Schulen eine interne Unterstützungskultur quer durch Lehrer-, Schüler- und Elternschaft, indem sie existentielle Fragen des Lebens ausdrücklich in ihr Schulleben integrieren, stellt dies eine bedeutende Ressource im Umgang mit Sterben, Tod und Trauer dar.

Als letzter exemplarischer Aspekt einer systemischen Perspektive auf Schule sei an dieser Stelle eine neue Profilbildung von Schule erwähnt, die eng mit dem Begriff der Schulkultur verbunden ist. So ist davon auszugehen, dass ein neues Verständnis von Lehren und Lernen in Schule auch neue Inhalte bedingt und Schulen heute zunehmend ihr eigenes, spezifisches Profil entwickeln. So ermöglicht sie Schülerinnen und Schülern, aber auch Lehrkräften und Eltern sich mit der Institution als „Haus des Lernens" zu identifizieren. Diese Form der Identifikation mit der Einzelschule gelingt umso besser, je näher die schulischen Themen mit der Lebenswirklichkeit der Schülerinnen und Schüler verbunden sind.

Erleben Kinder, Eltern aber auch die Lehrkräfte einer Schule, dass die wichtigsten Fragen des Lebens – nämlich die nach dem Sinn des Lebens und nach dem ‚Danach' – in ihrer Schule nicht totgeschwiegen werden, sondern offen und in vielfältiger Form Thema sein dürfen, werden sie sich in dieser Schule als ‚ganzer' Mensch aufgehoben fühlen. Schule kann dann mehr sein als ein Lernort: Sie ist ein Lebensort, an dem Leben stattfinden und alle Lebensthemen kommuniziert werden dürfen!

4.2 Was Lehrkräfte darüber denken – Forschungsergebnisse

Wie oben bereits dargestellt, kann die Einzelschule aus systemischer Sicht als System von Kulturüberschneidungen der drei Teilkulturen *Lehrkräfte*, *Schülerinnen/Schüler* und *Eltern* verstanden werden. Dieses System stellt wiederum ein Subsystem der Gesellschaft mit ihren eigenen Bedingungen und Normen dar.

Der Begriff Schulkultur bezieht sich auf die Schule als Ganzes und vermeidet die Einengung auf einzelne Aufgabenfelder, isolierte Elemente pädagogischen Handelns oder rein schulorganisatorische Bedingungen. Schulkultur soll in dem hier vorliegenden Kontext aus einer ganzheitlichen Perspektive betrachtet werden, „die sich auf die pädagogische Qualität der Schule in ihren Bildungs- und Erziehungsaufgaben, in ihren Qualifikations- und Sozialisationsfunktionen bezieht" (HOLTAPPELS 2003, 24).

Sterben, Tod und Trauer beschäftigen Kinder in allen Altersstufen. Deshalb muss Schulkultur so gestaltet werden, dass Kinder diesbezügliche Fragen stellen dürfen, gemeinsam nach Antworten gesucht wird und schwer kranke oder trauernde Kinder angemessen begleitet und unterstützt werden. Aber auch Erziehungsberechtigte und Mitschülerinnen und Mitschüler kranker Kinder sind als Bestandteile des Systems Schule von den Themen fortschreitende Erkrankung, Sterben und Tod betroffen. Demnach sind alle Teilsysteme des schulischen Gesamtsystems mit ihren unterschiedlichen Rollen und Funktionen von der thanatalen Thematik berührt.

Im Sinne des Gedankens, dass die ganze Schule als Institution eine wichtige Funktion hat, soll im Folgenden aufgezeigt und analysiert werden, welche Themen von Lehrkräften hierzu aus dem schulischen Alltag benannt werden und welche Auswirkungen diese Themen auf das Erleben der Lehrkräfte haben. Die Lehrerinnen und Lehrer wurden im Rahmen eines Forschungsprojektes der Universität Oldenburg interviewt, das sich mit der schulischen Situation lebensverkürzend erkrankter Kinder und Jugendlicher beschäftigte (vgl. ORTMANN/JENNESSEN 2003).

In den Erzählungen der Lehrerinnen und Lehrer werden sich sicherlich Pädagoginnen und Pädagogen wiedererkennen, die bereits ähnliche Erlebnisse im Laufe ihrer Berufstätigkeit hatten. Es sollen möglichst viele Lehrkräfte mit ihren Originalaussagen zu Wort kommen, um deutlich zu machen, dass es anderen Kolleginnen und Kollegen möglicherweise ganz ähnlich ergangen ist. Wie einleitend erwähnt, verfügten alle Lehrerinnen und Lehrer durch die Begleitung eines schwer erkrankten Kindes in der Klasse über Erfahrungen in der pädagogischen Auseinandersetzung mit Sterben, Tod und Trauer.

Aus den Interviews ließen sich drei Themen ableiten, in denen die Schule als Ganzes angesprochen wurde:

1. Schulinterne Fortbildungen zum Thema Sterben und Tod
2. Auseinandersetzung im Kollegium
3. Schulische Rahmenbedingungen

4.2.1 Schulinterne Fortbildungen zum Thema Sterben und Tod

Schulinterne Lehrerfortbildungen dienen bestenfalls der Förderung von Veränderungs- und Professionalisierungsprozessen in Schulen – zumindest haben sie diese zum Ziel! Diese Spezialform der Lehrerfortbildung kann einen besonderen Beitrag zur Qualifizierung der institutionellen pädagogischen Praxis leisten. Fortbildungen im Bereich Sterben, Tod und Trauer haben konkret zum Ziel, „Teilnehmenden zu helfen, auf einer persönlichen oder auf einer professionellen Ebene effektiver mit dem Tod umzugehen" (DURLAK 2003, 212). Der Begriff „effektiv" kann in diesem Zusammenhang mit den Eigenschaften bewusst, reflektiert, kompetent, offen und angstfrei gefüllt werden.

Themenspezifische schulinterne Fortbildungen stellen insofern eine Form der Berücksichtigung der thanatalen Thematik dar, als dass es sich hierbei um eine Möglichkeit der Auseinandersetzung mit schwerer Erkrankung, Sterben und Tod handelt, die alle Lehrkräfte zur Beschäftigung mit der Thematik anregt.

In den Aussagen der Lehrkräfte zum Erleben schulinterner Fortbildungen zu dieser Thematik werden deren Verlauf und Ergebnisse mit sehr unterschiedlichen Schwerpunkten und verschiedenen Bewertungen geschildert.

Ausgehend von der Erfahrung zweier Todesfälle in einem Schuljahr und der damit einhergehenden „Hilflosigkeit" (Interview H, 1.37) in der Schule berichtet eine Lehrerin von einer zweitägigen Fortbildungsveranstaltung:

IP[1]: „Wir haben uns Hilfe geholt. Und wollten hier an dem Thema arbeiten und haben in B. außerhalb dieser Schule in so einem Jugendgästehaus (...), die eigene Haltung zum Tod und Sterben, die eigenen Ängste so bearbeitet – in einem Tag, an anderthalb Tagen und Selbsterfahrung (...). Und dann haben wir schon überlegt, wie gehen wir so in der Einrich-

[1] IP = Interviewperson

tung mit Sterben um, auch mit Würdigung auf jeden Fall.“ (Interview H, 2.1[2])

Bevor nach gemeinsamen Wegen des schulischen Umgangs mit Tod und Trauer gesucht wurde, ging in der genannten Fortbildung eine intensive Auseinandersetzung mit eigenen Haltungen und Ängsten voraus. Dies ist ein sinnvoller erster Schritt in der Auseinandersetzung mit der Thematik, da die todesnahe Begleitung junger Menschen in erheblichem Maße von eigenen Erfahrungen sowie Gefühlen eigener Schwäche, Ängsten, Unsicherheiten, Hilflosigkeit und Kommunikationsproblemen geprägt sein kann.

Von der Intensität eines solchen Prozesses berichtet eine andere Lehrerin:

IP: „Also, das war furchtbar. Wir haben da alle auch mal geheult und unsere Erlebnisse, unsere schrecklichen Kindheitserlebnisse alle diskutiert. (...) Ich denke, wir sind einander näher gekommen.“ (Interview H, 2.9)

Auch eine weitere Lehrerin erinnert die emotionale Tiefe der selbstreflexiven Auseinandersetzung im Rahmen dieser Fortbildung:

IP: „Es war natürlich auch ’ne sehr persönliche Sache, weil jeder ja mit Tod schon in Berührung gekommen war, so auch persönlich bei jedem. Und dann hat man vielleicht auch selber bei sich sehr viel wiedererkannt und verstanden und. Ja, ich hab’ da z. B. den Tod meiner eigenen Mutter nochmal so nachvollzogen und einordnen können und so mir auch einmal bestimmte Verhaltensweisen dann erklären können, nachträglich, näh. Dass sie mich praktisch im Grunde genommen weggeschickt hat, als sie merkte, dass sie sterben würde. Das verstehe ich jetzt. Sie wollte das alleine, wollte nicht da nicht mehr, äh, mit mir zusammen sein.“ (Interview K, 3, 8).

Wird schulinternen Fortbildungen ein Bildungsbegriff zugrunde gelegt, der die persönliche Weiterentwicklung mit einschließt, die „auch über Krisen, Brüche, Durchsteuern chaotischer Phasen (...) zu neuen Selbstkompetenzen führt“ (HUSCHKE-RHEIN 1998, 25), zeigen die zitierten Aussagen der Lehrkräfte genau diesen Prozess der Bildung und des Kompetenzzuwachses.

Von den anfänglichen Schwierigkeiten der Auseinandersetzung mit der Thematik berichtet auch eine Lehrerin, die an einer von einer Seelsorgerin geleiteten Fortbildung mit einem Teil ihres Kollegiums teilnahm:

IP: „Zwei Tage und es, es war insofern schwierig, (...), also, nach den zwei Tagen ist dann auch wieder Ende. Wie offen kann, wie offen wird das Ganze? Wie vertraut? Und es lief auch ein bisschen schleppend an, weil jeder irgendwie so Sorge hatte, äh, oder Angst hatte, nicht Sorge, Angst hatte, vielleicht so seine, seine Fassung zu verlieren. Und dann war es eigentlich so, dass der Vormittag erst mal so gegenseitiges Beschnuppern, obwohl man sich kannte. Auch so die Erwartungen, äh, an diese Fortbildungen eben versucht hat, in

[2] Die Einzelinterviews werden durch den jeweils am Ende der verwendeten Textpassage verwendeten Buchstaben gekennzeichnet. Die Ziffern hinter dieser Kennzeichnung verweisen auf Seite und Zeile der zitierten Textstelle im transkribierten Interviewtext.

Worte zu fassen und, ähm, ___ es war eigentlich mehr so auf einer Gesprächsebene." (Interview P, 2. 33)

Hier wird die Problematik einer schulinternen Veranstaltung angesprochen, wenn diese sich mit Themenfeldern auseinandersetzt, die auch die Persönlichkeit der Teilnehmenden berühren. Die Frage des emotionalen Einlassens auf diese Ebene ist in erster Linie abhängig vom Grad des Vertrauens zwischen den Beteiligten, der nicht durch atmosphärische Störungen beeinträchtigt sein darf. Außerdem sollte eine professionelle Kooperation im anschließenden Berufsalltag gewährleistet sein. Diese Notwendigkeit muss bei der Gestaltung immer mitbedacht werden.

Zu der Veranstaltung, von der die beiden erstgenannten Lehrerinnen berichten, waren außerschulische Fachleute aus thanatonahen Arbeitsfeldern eingeladen, die sowohl über Trauerphasen und den kindlichen Umgang mit Sterben und Tod referierten als auch die selbstreflexiven psychischen Prozesse begleiten und auffangen konnten. Eine solche Form der Seminarführung ist sinnvoll, um nach eher persönlichen Seminaranteilen eine fachliche Weiterarbeit an der Thematik zu ermöglichen. Die professionelle Begleitung und Moderation der oben genannten Veranstaltung ermöglicht eine praxis- und zukunftsorientierte Weiterarbeit an Umgangsweisen der Schule als Ganzes mit der thanatalen Thematik.

IP: „Ja, das Ergebnis von dieser Fortbildung war eigentlich auch, ja, dass wir hier für uns als Schule auch ein gemeinsames Vorgehen abgesprochen haben, was im Todesfall, wir auch gemeinsam als Schule machen wollen. (...). Ja, aber so ein gemeinsames Gedenken und ne Feier für den Schüler, z. B. (...) einen Ort zu schaffen, wo das Gedenken an ihn sichtbar auch wird". (Interview K, 3.15)

„Ja, ja, es gab da auch so institutionelle Dinge zu klären, z. B., wer fährt mit zur Beerdigung. Dass das klar ist, dass der Schulleiter selbstverständlich diesem Kollegen dann auch frei gibt. Das sind so Sachen, die sind ja auch, äh, muss ja auch Einigkeit drüber bestehen. (...) Da haben wir also richtig (...) Verfahren festgelegt: Das und das müssen wir dann nicht neu verhandeln, sondern das ist dann selbstverständlich so." (Interview K, 4.1)

Aus den Ausführungen geht hervor, dass die Festlegung von organisatorischen und inhaltlichen Vorgehensweisen der Lehrkraft ein hohes Maß an Sicherheit für die Bewältigung zukünftiger Trauersituationen an der Schule vermittelt. Diese Einschätzung wird auch von einer anderen Kollegin der gleichen Schule bestätigt:

IP: „Ähm, wir haben überlegt (...), wir können nicht auf den Friedhof gehen (...). Mit einer Stunde wird der Schüler verabschiedet, die Schüler verabschieden sich und die Kollegen, die wir vorbereitet haben. Wie sie gestaltet wird? Nur nicht unbedingt mit einem Gottesdienst, weil wir nicht so (...) den kirchlichen Bezug haben, aber doch schon ne Verabschiedungsfeier. Dass wir Briefe und Gedanken auch immer in unserer Schülerzeitung veröffentlichen von einzelnen Klassen und darüber dann auch sprechen. Ich denke, (...) dass man dem Schüler auch noch mal nahe wird in seiner Entwicklung durch Bilddokumentation, dass man sie halt noch mal anschaut, ja. (...) Wir haben glücklicherweise nach dieser Konzentration von Sterbefällen (...) keinen Sterbefall hier an unserer Einrichtung ein

> Glück gehabt. (...) **Aber wir wissen, wir sind nicht ganz unvorbereitet. Wir wissen jetzt schon, wer sich verantwortlich fühlt, dass der Lehrer nicht alleine gelassen wird.** Das ist ein bisschen viel verlangt." (Interview H, 2.18)

Auch wenn die vereinbarten Absprachen zum Zeitpunkt der Interviewdurchführung noch nicht umgesetzt werden mussten, da kein weiteres Kind verstarb, stellt die Einschätzung der Lehrerin, die emotional verunsichernde und herausfordernde Situation beim Tod eines Schülers oder einer Schülerin bewältigen zu können, eine bedeutende und Sicherheit vermittelnde Ressource dar.

In diesem Kontext spielen auch Rituale des Abschiednehmens und der Trauer eine bedeutende Rolle. So handelt es sich bei den getroffenen Vereinbarungen sowohl um schulorganisatorische Aspekte als auch um verschiedene Formen der Gestaltung des Abschieds von einem verstorbenen Kind. Diese bieten den Rahmen für die Trauer der hinterbliebenen Mitschülerinnen, Mitschüler und Lehrkräfte. Exemplarisch werden von der zitierten Lehrkraft an dieser Stelle die Gestaltung einer Abschiedsfeier, die Veröffentlichung von Bildern und Gedanken zum Tod des Verstorbenen in der Schülerzeitung sowie die Gestaltung einer Bildwand genannt. Hierbei handelt es sich um Rituale, die in der Schule sowohl Ausdrucksformen von Tod, Abschied und Trauer darstellen und außerdem für alle Trauernden Orientierung, Verlässlichkeit und Entlastung bieten können. Vor dem Hintergrund einer verbindlichen schulinternen Vereinbarung für diese Formen der Trauerbewältigung ist auch die verbindende und gemeinschaftsfördernde Funktion von Ritualen offensichtlich, da sie der Isolierung der betroffenen Kinder und Erwachsenen entgegenwirken und den Umgang mit Tod und Trauer in die Kultur der gesamten Schule integrieren. Eine Checkliste für den Umgang mit Todesfällen in der Schule, die die verschiedenen Phasen (vorab, am Tag der Todesnachricht, in den darauffolgenden Tagen sowie im ersten Trauerjahr) berücksichtigt, findet sich in dem sehr praxisorientierten Buch von KORNELIA WEBER und PETER WIRTZ (2019, 116ff.).

Die schulinterne Fortbildung an einer anderen Schule unterscheidet sich insofern von der bereits vorgestellten Veranstaltung, als dass auf die professionelle Begleitung und Moderation durch externe Expert*innen aus finanziellen Gründen verzichtet wurde. Außerdem fand keine selbstreflexive Auseinandersetzung mit der eigenen Endlichkeit statt und auf Absprachen und Vereinbarungen zum zukünftigen Umgang mit Trauerfällen in der Schule wurde ebenfalls verzichtet. Zur Ergebnissicherung dient in diesem Fall jedoch eine Materialsammlung, die verschiedene thematische Zeitschriftenartikel sowie Adressen von Institutionen und externen Ansprechpartnern enthält und von allen Kolleginnen und Kollegen bei Bedarf genutzt werden kann. Auch diese Materialsammlung kann eine große Hilfe sein, wenn bei schwerer Krankheit von Kindern oder bei Todesfällen schnell mit fachkundigen Expert*innen Kontakt aufgenommen werden kann.

IP: „Dieses Mal haben wir einfach gesagt, es gibt so viel Kollegen, die aus den verschiedenen Bereichen, z. B. Krankengymnastik, Ergotherapie, sich in bestimmten Bereichen mit diesen Kindern beschäftigen. Es gibt halt die Kollegen, die diese Kinder kennen, die sie zum Teil auch jahrelang begleiten und es gibt ja auch ne gewisse Sicht der Mitarbeiter, die eben selber nicht Lehrer sind und diese Kinder halt eben pflegerisch betreuen. Und so haben wir dann eben aus diesen einzelnen Gebieten die Leute etwas sagen lassen, erstmal zu den Kindern, die ihnen bekannt sind an dieser Schule. Und haben dann einige Kinder speziell vorgestellt, ja, es wurde das Krankheitsbild eben schon sehr deutlich dargestellt und auch die Frage 'Wie gehen wir damit um?'. Und es stellte sich, glaube ich, schon sehr schnell raus, dass obwohl eben alle Leute bei uns ja diese Kinder kennen, dennoch eine sehr große Hemmschwelle zunächst mal da ist, darüber zu sprechen, auch die eigene Betroffenheit zuzulassen, so um das mal so vorsichtig auszudrücken. Und das Schöne war eigentlich, dass (...) es eine sehr intensive und eigentlich auch sehr emotionsgeladene Fortbildung war, weil sehr viele Leute auch sehr deutlich dann irgendwann mal gesagt haben, (...) wie's ihnen damit geht. Also, vom Verdrängen, dass man also möglichst nicht drüber spricht und so tut, als wenn es gar nicht da wäre bis hin, dass Leute gesagt haben, sie können auf einmal nicht schlafen, wenn sie eben dran denken, was mit den Kindern wird." (Interview T, 1.29)

In der Aussage der Lehrerin zeigt sich vor allem das starke Bedürfnis nach Kommunikation über die Thematik. Dies macht deutlich, dass die Belastung in der Begleitung fortschreitend erkrankter Kinder sehr hoch sein kann, und zum anderen im schulischen Alltag keine Möglichkeiten der Thematisierung dieser Herausforderung bestehen. So war es dem Kollegium möglich, ohne professionelle Anleitung und in Anknüpfung an die vorhandenen fachlichen Kompetenzen der Lehrkräfte und Therapeut*innen in eine Auseinandersetzung über die Thematik einzusteigen, die auch die Gefühle der Beteiligten berücksichtigte.

Eine andere teilnehmende Lehrerin schätzt die Wirkung dieser Fortbildungsveranstaltung eher kritisch ein:

IP: „Wir haben eine schulinterne Fortbildung gemacht an einem Wochenende. Innerhalb der Schule. Obwohl für mich persönlich hat es zu wenig hergegeben. So eine einzelne Fortbildung ist zu wenig. Ich denke, ein Team braucht wirklich fachkundige Unterstützung im speziellen Fall." (Interview O, 2.8)

Ihre eher negative Bewertung dieser Fortbildung begründet die Lehrerin mit dem vermuteten größeren Nutzen, den eine kontinuierliche fachliche Unterstützung zu speziellen Fragestellungen haben könnte. Sinnvoll ist es, den Kolleginnen und Kollegen beide Formen der Hilfe zur Verfügung zu stellen: Schulinterne Fortbildungen *und* dauerhafte Beratung durch Fachleute!

Insgesamt konnte jedoch auf Grund der Aussagen der interviewten Lehrerinnen festgestellt werden, dass schulinterne Lehrerfortbildungen zu den Themenfeldern Sterben, Tod und Trauer von den Teilnehmenden positiv eingeschätzt werden. Je nach Konzeption und Teilnahme von Expert*innen stellen selbstreflexive Anteile, die Auseinandersetzung mit Fallbeispielen fortschreitend erkrankter Schülerinnen und Schüler und die Festlegung schulinterner Vereinbarungen und Abschiedsrituale beim Tod eines Kindes oder Jugendlichen besonders hilfreiche Aspekte der Auseinandersetzung dar.

In der Untersuchung von Lehrerinnen und Lehrern an Schulen für Körperbehinderte in Niedersachsen wurde diesen die Frage gestellt, ob sie bereits an schulinternen Fortbildungen zum Thema schwere Erkrankung, Sterben und Tod teilgenommen haben.[3]

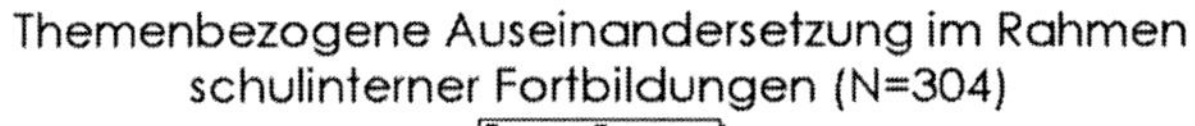

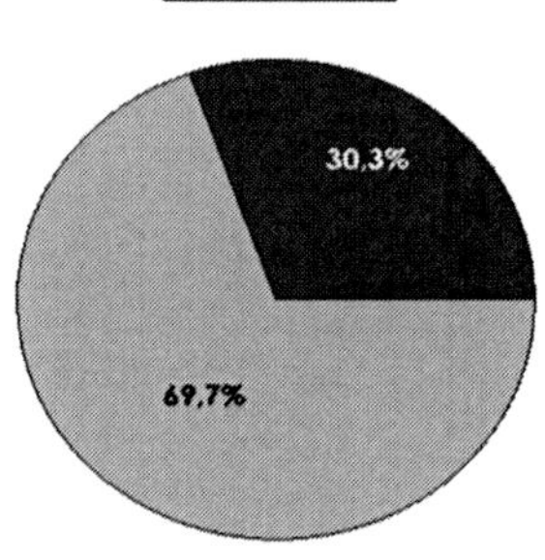

Abb. 3 Themenbezogene Auseinandersetzung im Rahmen von SCHILF

Die Tatsache, dass fast 70% der Befragten angeben, an einer solchen Fortbildung noch nicht teilgenommen zu haben, obwohl die Thematik an Förderschulen mit dem Schwerpunkt körperliche und motorische Entwicklung zum Alltag gehört, lässt vermuten, dass der Anteil solcher Fortbildungen in Grundschulen noch erheblich geringer ist.

4.2.2 Auseinandersetzung im Kollegium

Unter einer Auseinandersetzung im Kollegium einer Schule werden an dieser Stelle alle Formen des Austausches und der Kooperation zur thanatalen Thematik verstanden, die sich von informeller Kommunikation – wie Tür-und-Angel-Gesprächen oder privaten Telefonaten der Lehrkräfte am Nachmittag – abgrenzen lassen. Hierzu gehören Formen der Supervision, der punktuellen Begleitung durch Fachleute oder des geplanten und strukturierten Austausches innerhalb des Kollegiums.

Als eine Form der so definierten Auseinandersetzung kann der schulpsychologisch begleitete Austausch innerhalb eines Kollegiums nach dem Tod eines Schülers sinnvoll sein.

---

[3] Sämtliche Ergebnisse dieser Befragung können bei Jennessen (2006) nachgelesen werden.

IP: „Ja, wir haben im Kollegium, wenn ich mich recht erinnere, sogar einen Nachmittag mal gemacht und haben uns so einfach so die Sorgen von der Seele geredet. Und der Psychologe unseres Hauses war dann auch mit dabei. Der dann auch (...) uns betreut hatte mehr oder weniger. (...) Aber es war schon, war schon gut, dass man drüber geredet hat. Und es war auch schon gut, ja, dass man angehört wurde und dass die anderen ihre Sorgen (...) erzählt haben." (Interview J, 6.24)

Hier dient die Auseinandersetzung vor allem dem Austausch über die Gefühle der Lehrkräfte, wobei der Begriff „Sorgen" (Interview J, 6.22) in der Situation nach einem Todesfall eine Umschreibung der Trauergefühle darstellt. Wichtig ist für die Lehrerinnen und Lehrer, dass sie mit ihrer Trauer nicht alleine gelassen wurden, sondern durch den themenspezifischen Austausch die Thematik bewusst wahrgenommen, aufgegriffen und kommuniziert wurde.

Dieser Vorgehensweise kann eine Form des Umgangs mit einem Todesfall an einer anderen Schule gegenübergestellt werden.

IP: „Es ist natürlich auch ein Stückchen Tabuthema, näh. Also, es ist einfach schon so ein Tabuthema. Irgendwie muss man drüber reden und hat natürlich auch das Gefühl, redet man zu viel drüber, macht man sich damit wichtig. Sagt man lieber nichts und nimmt es so hin (...). Aber ich rede natürlich auch nur mit den Leuten, die es betrifft. Also ich glaube, es wissen auch nicht alle. So, weil diese Karte vom Kollegium, die schreiben wir halt jetzt erst. (...) Und mit meiner Schulleitung, aber so in der allgemeinen Runde nicht, also hab ich auch nicht so das Bedürfnis". (Interview A, 16.28)

Der zweifache Hinweis der Lehrerin, dass es sich bei der Thematik um ein Tabuthema handelt, wird im weiteren Verlauf der Textstelle dadurch bestätigt, dass sie eine Woche nach dem Tod eines Schülers davon ausgeht, dass dies nicht alle Kolleginnen und Kollegen wissen. Lediglich informell und im Austausch mit der Schulleitung ist der Tod des Schülers bislang besprochen worden und das Verfassen einer Kondolenzkarte scheint die einzige gemeinsame Aktivität des Kollegiums zu sein. Auffallend ist auch die Unsicherheit der Lehrerin bezüglich des gewünschten bzw. möglichen Ausmaßes des Austausches. Hier trägt auch das gesellschaftliche Tabu im Hinblick auf thanatale Themen erheblich dazu bei, dass eine offene und bedürfnisorientierte Auseinandersetzung über die Thematik verhindert wird. Die Tabuisierung von Leid, Sterben und Tod im Gesamtsystem Schule spiegelt sich auch in den Aussagen anderer Lehrkräfte wider.

I: „(...) Haben Sie hier auch keine Gespräche gehabt innerhalb des Kollegiums?"

IP: ____ „Nee, haben wir nicht. Also ich hab mit 'ner Kollegin hier, mit der ich aber befreundet bin, darüber gesprochen." (Interview R, 14.23)

IP: „Das macht mir im Nachhinein dann im Grunde doch bewusst, dass wir zu wenig darüber sprechen. (...) Wir machen so unseren Alltag hier, blenden das Problem im Grunde aus, leben so damit. Ich weiß auch gar nicht, ob man das noch alles machen soll." (Interview K, 13.17)

Beide Aussagen machen deutlich, dass die Thematik nicht selbstverständlicher Bestandteil der jeweiligen Schulkultur ist, sondern dass sie verdrängt, ausgeblendet und allenfalls informell mit einzelnen Kolleginnen besprochen wird.

Den dadurch bedingten, zumeist informellen und auf die einzelne Klasse bezogenen Austausch bestätigt auch folgendes Zitat:

IP: „Ja, ja, und es ist dann eher ja so am Rande, dass man in der Pause oder nach dem Unterricht spricht. (…) Es ist, denke ich, eher so, dass man versucht, in der Klasse seinen Weg zu gehen." (Interview I, 19.19)

Auch hier findet eine Begrenzung der Perspektive auf das direkte Geschehen in der Klasse statt, ohne dass die Möglichkeit einer Auseinandersetzung in der Schule als Ganzes berücksichtigt würde.

Lediglich von zwei Lehrkräften wird angegeben, dass an ihrer Schule die Möglichkeit der Supervision besteht, wobei ein Lehrer erklärt, nicht an dieser teilzunehmen. Die zweite Lehrerin bewertet diese Form der strukturierten Begleitung jedoch sehr positiv.

IP: „Also, wir haben hier Supervision neuerdings, wo wir uns treffen. Und die ist auch sehr gut." (Interview R, 18.31)

Leider kann die Pädagogin die positiven Auswirkungen nicht präziser beschreiben, so dass zumindest von einem Gefühl des positiven Erlebens dieser Form der Beratung und Unterstützung ausgegangen werden kann. Die möglichen positiven Effekte von Supervision werden auch von anderen Lehrkräften vermutet und spiegeln sich in dem mehrfach geäußerten Wunsch nach der Einführung dieser Unterstützungsform wider.

IP: „(…) Da wäre das gut, Supervision zu haben. Damit man nicht in so ein, ja, so ein Konflikt (…) gerät, sondern dass man das dann auflesen müsste. Ich denke, das wäre wirklich so ein Fund, wo (…) das ohne Supervision nicht vernünftig gehen kann. Glaube ich ganz bestimmt." (Interview I, 18.27).

IP: „Von daher ist es (eine einzelne Fortbildung, Anm. d. Verf..) zu wenig und deshalb meine ich wirklich eine individuelle Betreuung eines Teams in Form von Supervision. Das wäre eigentlich da angebracht, ja." (Interview O, 3.11)

Beiden Aussagen ist der dringende Wunsch nach begleitender Supervision zu entnehmen, in der Raum für den kooperativen Austausch und eine professionelle Begleitung gewährleistet ist, die dazu beiträgt, den Umgang mit Verlust und Trauer positiv zu bewältigen. Die Notwendigkeit einer regelmäßigen, fachlich angeleiteten Supervision als Strategie der Auseinandersetzung mit thanatalen Themen ist an dieser Stelle offensichtlich. Auch im Sinne der Qualitätssicherung der pädagogischen Arbeit stellt Supervision eine „hervorragende Investition (dar), wenn dadurch ein Klima entsteht, in dem Probleme angesprochen werden können, bevor sie die Arbeit beeinträchtigen" (SCHMIDBAUER 2002, 115). Diese Investition sollte von Schulträgern viel stärker in Angriff genommen werden: Für eine bestmögliche Förderung der Kinder und als Maßnahme der Gesundheitsförderung für Pädagoginnen und Pädagogen!

4.2.3 Schulische Rahmenbedingungen

Die Kultur einer Schule ist auch maßgeblich bestimmt durch ihre organisatorischen Rahmenbedingungen bzw. kommt sie durch diese zum Ausdruck.

An dieser Stelle soll der Aspekt schulischer Rahmenbedingungen lediglich für den Umgang mit schwerer Krankheit, Sterben, Tod und Trauer im Rahmen integrativen Unterrichts angesprochen werden. So werden auch in Grundschulen zunehmend Kinder mit fortschreitenden Erkrankungen unterrichtet. Grundlage hierfür ist „das Recht auf Teilhabe an allen gesellschaftlichen Bereichen, das Recht auf Kontinuität sozialer Beziehungen und das Recht auf bestmögliche, wohnortnahe Bildung – und zwar unabhängig von der jeweiligen Gesundheitssituation und der prognostizierten Lebenserwartung“ (JENNESSEN 2015, 13). Von Problemen in der schulischen Integration schwer erkrankter Kinder und Jugendlicher berichtet eine im Mobilen Dienst tätige Sonderpädagogin:

IP: „Das ist schon so, also um den hab` ich ziemlich gekämpft. Weil wir auch sehr viel Konflikte auch mit den anderen hatten, also mit den anderen Klassenlehrern. Weil die letztendlich auch nicht so einsahen, äh, warum dieser Junge eventuell ǹe Sonderrolle haben müsste. Es waren aber sehr, sehr ungünstige Umstände, wie dieses Kind rüber gekommen ist. Der Klassenlehrerin (…) wurde nicht Bescheid gesagt, dass das Kind körperbehindert ist, obwohl wir das Gespräch drüben hatten mit dem Schulleiter.“ (Interview R, 3.18)

IP: „Die Bedingungen der Schule sind ja nicht besser geworden. Sie sind schlechter geworden für die, für die Grundschullehrer. Die Kinder werden immer schwieriger. Ein Großteil der ganzen Verhaltensproblematik nimmt immer mehr zu. Die ganze Lese-Rechtschreibproblematik nimmt zu. Das ist natürlich, dass die irgendwann auch keine Kraft mehr haben, sich mit Behinderungen, geschweige denn mit Kindern mit geringer Lebenserwartung, auseinanderzusetzen. Kann ich irgendwann auch verstehen. Nur wir begleiten die Kinder ja auch. Wir lassen sie ja nicht alleine da, sondern es ist ja so, dass wir sie von der Ambulanz begleiten und da würde ich mir einfach mehr wünschen, dass sie so ein Stück weit mehr Kooperationsbereitschaft einfach annehmen, ohne dass man sie kritisieren will oder die sich in ihrer, was weiß ich, Ehre oder so gekränkt fühlen.“ (Interview R, 24.7)

Es ist offensichtlich, dass gerade in integrativen Einrichtungen, die Förderbedingungen für schwer kranke Kinder aufgrund unzureichender oder fehlender Ressourcen oder Kompetenzen besonders ungünstig sein können. Die Interviewaussagen der oben zitierten Lehrerin legen die Vermutung nahe, dass thanatale Themen in Grundschulen in einem noch geringeren Maße Bestandteil der jeweiligen Schulkultur sind, als es den Daten über die Schulen für den Förderschwerpunkt körperlich-motorische Entwicklung zu entnehmen ist. Auch wenn dieser Aspekt in den vielfältigen Problemen und Themenfeldern an Integrationsschulen begründet sein mag, ist darauf hinzuweisen, dass der schulische Umgang mit Sterben, Tod und Trauer nicht nur auf Grund lebensbedrohlicher Erkrankung wichtig ist, sondern dass auch andere Todesursachen wie Unfälle oder Gewaltverbrechen Schulen mit diesen Themen konfrontieren und diese in solchen Fällen meist unvorbereitet nach Wegen des Umgangs mit der Situation suchen. Der Bedarf an Auseinandersetzung mit und Vorbereitung auf diese Fragen besteht demnach für alle Schulformen und hat gerade vor dem Hintergrund der Corona-Pandemie an besonderer Bedeutung gewonnen.

4.3 Handlungsleitlinien für die Schulpraxis

Im Sinne thanatopädagogischer Entwicklung von Schulen ist es dringend erforderlich, eine Übereinstimmung zwischen den offiziell erklärten Zielen von Schulen im Hinblick auf den Umgang mit schwerer Krankheit, Sterben und Tod und ihrer realen pädagogischen Praxis herzustellen. Nur wenn förderliche Rahmenbedingungen gestaltet, bedarfs- und prozessorientiert verändert und diese dann als positiv und effektiv erlebt werden, versprechen schulische Entwicklungsprozesse auch bei thanatopädagogischen Themen Erfolg.

Wie die Aussagen der Lehrerinnen und Lehrer zeigen, ist als Ausgangspunkt schulischer Entwicklung im thanatalen Themenfeld die Wirkung und Bedeutung kultureller Regeln zu beachten, da diese unmittelbaren Einfluss auf die Chancen, aber auch Grenzen der Entwicklung der Schulen vorgeben. Da jede soziale Situation durch Regeln bestimmt wird, führen mit den Themen Sterben und Tod verbundene Regeln zu Kommunikationshemmnissen und der Negierung dieser Phänomene im System Schule.

Thanatopädagogische Schulentwicklung beinhaltet die Notwendigkeit der bewussten Wahrnehmung und Veränderung von Normen und Werten, wenn diese durch Tabuisierung eine angemessene pädagogische Begleitung schwer erkrankter Kinder und Jugendlicher und ihrer Mitschülerinnen und Mitschüler verhindern sowie spezifische Belastungen der Lehrkräfte mitbedingen.

Im Sinne der Entwicklung einer unterstützenden Schulkultur werden im Folgenden Aspekte zusammengeführt, die thanatopädagogisch wirksam eine Schule prägen können. Die Ausführungen sind so angelegt, dass sie auf sämtliche Schulformen anwendbar sind.

Als zentrales Problem ist zu sehen, dass in der Auseinandersetzung mit Sterben, Tod und Trauer meist eine *individualisierte und privatisierte Sicht* auf Belastungen und Hilfen im Vordergrund steht. Wie die Aussagen der Lehrkräfte zeigen, ist die Entwicklung eines die Schule als Ganzes beachtenden Ansatzes notwendig, der Tod, Sterben und Trauer als Bestandteile menschlicher Lebenserfahrung akzeptiert und der Institution Schule eine für dieses Thema bedeutsame Rolle zukommen lässt.

Zunächst ist es wichtig, in einer Initialphase Thanatopädagogik auf der Grundlage der Klärung der bisherigen schulischen Praxis im Umgang mit Sterben und Tod als einen *Entwicklungsschwerpunkt der Schule* zu beschließen. Zu Beginn des Prozesses kann die Zielsetzung zunächst eher allgemein formuliert sein, beispielsweise als Idee, diesen neuen pädagogischen Schwerpunkt zu entwickeln und zu etablieren. Für eine erste themenbezogene Auseinandersetzung bietet sich die Durchführung einer kollegiumsinternen Fortbildungsveranstaltung an, die von externen, fachlich kompetenten Moderatorenteams geleitet werden sollte.

Didaktische Bausteine dieser Fortbildungsveranstaltungen können auf Grundlage empirischer Erkenntnisse und praktischer Erprobungen des Autors folgende Elemente sein:

1 **Selbsterfahrung und Selbstreflexivität in Bezug auf die eigene Endlichkeit,**

2 **die Vermittlung verschiedener Inhalte zu den Bereichen fortschreitende Erkrankung, Sterben, Tod und Trauer,**

3 **die Gestaltung und didaktische Umsetzung des Themas in der Schule**

(vgl. ORTMANN/JENNESSEN 2003, 207).

Sinnvoll erscheinen hier mindestens zweitägige Veranstaltungen, an denen die gesamte Schule von einem Moderatorenteam begleitet wird oder nacheinander stattfindende Seminare gleichen Inhalts für verschiedene (z. B. Stufen-)Teams einer Schule. Durch die aufgezeigten inhaltlichen Elemente strukturiert, sollten unterschiedliche Aspekte zu den Phänomenen Sterben und Tod in der Kultur der Einzelschule diskutiert und verantwortliche Personen oder Gruppen für die Ausgestaltung einzelner Vorhaben benannt werden.

Als eine Methode der gezielten Qualitätsverbesserung in Schulen zu spezifischen pädagogischen, didaktischen und schulorganisatorischen Fragestellungen eignen sich *Qualitätszirkel.* Diese sind Gremien für Veränderung, durch die Schulentwicklungsprozesse in Gang gesetzt werden können (vgl. SCHNOOR 2004, 167). In diesen können thematisch interessierte und engagierte Lehrkräfte in enger Anbindung an das Gesamtkollegium die einzelnen Entwicklungsschritte planen, deren Durchführung evaluieren und diese zugleich als systematische Form der Fortbildung nutzen. In diesem Qualitätszirkel sollten spezifische Ziele thanatopädagogischer Schulentwicklung benannt und gestaltet werden, aus denen sich dann konkrete Handlungsschritte ableiten lassen, die wiederum auf den unterschiedlichen schulischen Ebenen umgesetzt werden können.

Als ein weiterer Bestandteil von Schulkultur ist es wichtig, thanatopädagogische Themen in den Unterricht zu integrieren. Schulen können hier *verbindliche schulinterne Curricula in Anlehnung an staatliche Rahmenvorgaben* entwickeln, die eine kontinuierliche Auseinandersetzung mit thanatalen Fragestellungen unter Berücksichtigung der altersgemäßen Entwicklungen und Interessen der Schülerinnen und Schüler beinhalten. Hierbei bieten sich fächerübergreifende Projekte an, die auch Unterrichtsbesuche an Orten beinhalten, an denen Sterben oder Tod begreifbar werden. Solche Orte können beispielsweise sein:

- Friedhöfe
- Kirchen
- Bestattungsunternehmen
- Krematorien
- Hospize und Kinderhospize
- Ausstellungen
- Themenbezogene Aufführungen in Theater, Oper, Ballett, Kino

Die inhaltliche Gestaltung des Unterrichts sollte die unterschiedlichen Verlust- und Trauererfahrungen der Kinder und Jugendlichen sensibel aufgreifen, wofür Lehrkräfte Kompetenzen in den Bereichen Selbstreflexion und Kommunikation benötigen. Es ist sinnvoll, dass sich alle am Unterrichtsgeschehen Beteiligten zu Beginn damit auseinandersetzen, dass die Beschäftigung mit thanatalen Themen sehr persönliche Erfahrungen berühren und damit verbundene Emotionen hervorrufen kann. Aus diesem Grund ist es hilfreich, gemeinsame Absprachen zu treffen, die den Schutz und die Unterstützung aller Beteiligten durch einen respektvollen Umgang miteinander im Sinne eines emotional sicheren Rahmens für das Lehren und Lernen sicherstellen. Die große Vielfalt des methodischen Angebotes zum thanatopädagogischen Lernen ermöglicht es, kreative Wege des Umgangs mit der Thematik, ausgehend von den unterschiedlichen Ausdrucks- und Lernwegen der Schülerinnen und Schüler, zu berücksichtigen. Neben der Auseinandersetzung mit themenspezifischer Kinder- und Jugendliteratur liegen mittlerweile auch differenzierte Unterrichtsmaterialien für die schulische Auseinandersetzung mit den Phänomenen Sterben, Tod und Trauer in unterschiedlichen Altersstufen vor (*siehe Auswahl in Kapitel 3.3*).

Als weiterer Entwicklungsaspekt kann die *Gestaltung von themenbezogenen kooperativen Schulpartnerschaften mit Einrichtungen in der Region* empfohlen werden. Zu diesen können Institutionen der verschiedenen christlichen Kirchen, aber auch sonstiger Glaubensgemeinschaften sowie religionsungebundene Expertinnen und Experten gehören. In enger Verzahnung mit den didaktischen Fragen der Auseinandersetzung mit thanatopädagogischen Themen sind auch regelmäßige Kontakte zu ambulanten oder stationären Hospizen denkbar. Als Beispiel für eine

Partnerschaft dieser Art kann auf die Kooperation zwischen der Pestalozzischule und dem Hospiz der Hermann-Josef-Stiftung in Erkelenz (NRW) verwiesen werden, die regelmäßige Besuche im Hospiz und damit verbundene Aktivitäten sowie deren Reflexionen durch die Schülerinnen und Schüler beinhaltet (vgl. JENNESSEN/FELLER/GABAUER 2006). Die vielen interessanten Fragen, die Heranwachsende an Menschen haben, die Sterbende begleiten, zeigt folgender Fragenkatalog einer Schulklasse zur Vorbereitung des Besuches einer Hospizmitarbeiterin:

1. Ist es Ihnen egal, ob die Personen, die Sie betreuen, sterben oder macht es Sie betroffen, wenn sie gestorben sind?
2. Kommen Sie mit Ihren zu betreuenden Personen immer gut aus oder können Sie manche nicht leiden?
3. Waren Sie nach dem Tod eines zu betreuenden Menschen schon einmal so betroffen, dass Sie darüber nachdachten, mit ihrem Amt aufzuhören?
4. Ist es schlimm für Sie, das Leiden der Menschen zu beobachten?
5. Wie werden Sie mit dieser seelischen Belastung fertig?
6. Fiel es Ihnen am Anfang schwer, sich mit den Schicksalen der Sterbenden zu befassen?
7. Haben Sie Probleme, sich mit anderen Leuten über Ihre Tätigkeit zu unterhalten?
8. Wie intensiv sind die Beziehungen, die Sie zu den Leuten, die Sie betreuen, aufbauen?
9. Was ist es für ein Gefühl, Menschen in den Tod zu geleiten?
10. Wie sind Sie zu dieser Tätigkeit gekommen?
11. Was denken Ihre Bekannten und Ihre Familie darüber?
12. Macht Ihnen die Arbeit Spaß?
13. Warum machen Sie so etwas?
14. Denken Sie lange an den Menschen, der gestorben ist?
15. Haben die Sterbenden Vertrauen zu Ihnen?
16. Wie können Sie es bewältigen, nach dem Tod des Betreuten wieder jemanden anderen zu betreuen?
17. Wie viele Menschen haben Sie schon betreut?
18. Haben Sie den Beruf des Betreuers gelernt?
19. Was halten Sie von Sterbehilfe?
20. Haben Sie schon einmal daran gedacht, Sterbehilfe zu leisten?
21. Welche Krankheiten haben Sie selbst schon miterlebt?
22. Welchen ‚eigentlichen' Beruf haben Sie erlernt?
23. Haben Sie zur Zeit einen Patienten?
24. Sind Sie sehr gläubig?
25. Haben Sie die Verwandten des Verstorbenen gekannt?"

(IGSL 1999, 41)

Zu bedenken ist außerdem, dass auch die Berücksichtigung thanataler Themen in der *Kooperation mit Eltern und anderen Erziehungsberechtigten* einen Weg der Enttabuisierung darstellt. Hier ist es wichtig, nicht nur über die schulischen Umgangsformen mit der Thematik zu informieren, sondern auch Impulse für Wege des Umgangs mit Tod und Trauer anzustoßen. Regelmäßige Gesprächskreise oder die aktive Teilnahme an schulischen Projekten oder Hospitationen sind als Formen dieser Erziehungspartnerschaft denkbar. Für die Eltern schwer erkrankter Kinder kann diese Form der Zusammenarbeit mit Schule stützende Funktionen übernehmen, da die Tabuisierung des frühen Todes aufgehoben und somit Raum gegeben wird, Ängste und Gedanken auszudrücken.

Einen weiteren Bestandteil der thanatopädagogischen Entwicklung der Einzelschule mit dem Ziel der Unterstützung und Begleitung aller Beteiligten stellt die *Entwicklung von Handlungsleitlinien und Ritualen* zum schulischen Umgang mit Tod, Abschied und Trauer dar. Als spezielles Angebot für die Pädagoginnen und Pädagogen ist außerdem die Initiierung von unterstützenden Maßnahmen in Form von *Fall- und/oder Supervisionssitzungen* empfehlenswert.

Eine *Festschreibung des schulischen Umgangs mit thanatalen Themen im Schulprogramm* der Schule kann dazu beitragen, ihr themenbezogenes Profil zu schärfen und die Integration der Thematik in die Kultur der Schule auch nach außen sichtbar zu machen. Mit der Dokumentation dieses neben anderen schulischen Vorhaben stehenden Schwerpunktes ist auch die Evaluation der geplanten und durchgeführten Aktivitäten verbunden, da Schule nur von Weiterentwicklungen profitiert, die verbindende und verbindliche Prozesse beinhalten. Unter Berücksichtigung der thanatopädagogischen Perspektive muss schulinterne Evaluation deshalb so angelegt sein, dass sie Entwicklung, Folgen und Wirkungen der Auseinandersetzung fokussiert, die für die Arbeit der Schule im Sinne ihrer Qualitätsentwicklung nützlich ist und somit die Weiterführung dieses spezifischen Teils von Schule systematisch in den Blick nimmt und verstärkt.

Auch wenn die Entwicklung von Schulkultur einen jeweils eigenen Prozess darstellt, kann eine strukturierte Planung hierbei vorbereitende und unterstützende Funktion haben. Entscheidet sich nun eine Schule, einen thanatopädagogischen Schwerpunkt in ihrer Arbeit zu legen, sind folgende Entwicklungsschritte bzw. -phasen im Sinne eines Handlungsplans denkbar. Veränderungen und nicht-lineare Vorgehensweisen sind sinnvoll und als Ausdruck der individuellen Lern- und Entwicklungskultur einer Schule erwünscht.

Tab. 3 Phasen thanatopädagogischer Schulentwicklung

Phase	Handlung	Beteiligte
1	Beschluss zur schulischen Auseinandersetzung mit den Themen Sterben, Tod und Trauer	Gesamtkollegium
2	Initiierung und Durchführung einer themenspezifischen schulinternen Fortbildung	Gesamtkollegium und fachversierte Moderatorinnen/ Moderatoren
3	Gründung eines Qualitätszirkels (QZ) – Erarbeitung aller weiteren Schritte in enger Rückkopplung mit dem Gesamtkollegium	Interessierte Pädagogen und Pädagoginnen
4	Entwicklung thanatopädagogischer Ziele für die Schule	Mitglieder des QZ in Rückkopplung mit dem Gesamtkollegium
5	Entwicklung eines fachübergreifenden thanatopädagogischen Curriculums	Vertreter der einzelnen Unterrichtsfächer und Schulstufen
6	Entwicklung von Kooperationsstrukturen mit Fachleuten bzw. Institutionen aus der Region sowie mit Eltern/ Erziehungsberechtigten	Mitglieder des QZ in Rückkopplung mit dem Gesamtkollegium
7	Initiierung und Entwicklung von Handlungsleitlinien und Ritualen zum schulischen Umgang mit Tod, Abschied und Trauer	Mitglieder des QZ in Rückkopplung mit dem Gesamtkollegium, Fachleuten, Eltern
8	Initiierung von bedarfsorientierten, unterstützenden Maßnahmen für Pädagoginnen und Pädagogen (Fall- und/oder Supervisionssitzungen)	Mitglieder des QZ in Rückkopplung mit dem Gesamtkollegium
9	Festschreibung der thanatopädagogischen Ziele und Handlungsleitlinien im Schulprogramm	Mitglieder des QZ in Rückkopplung mit dem Gesamtkollegium
10	Regelmäßige Evaluation, Modifikation und Fortführung des Entwicklungsvorhabens als Bestandteil von Schulkultur	Gesamtkollegium

Als weitere Entwicklungselemente thanatopädagogischer Schulentwicklung können die spezifischen Formen der Teamentwicklung und die Gestaltung von Abschieds- und Trauerritualen benannt werden. Diese Aspekte werden auf Grund der Schwerpunkte dieses Buches als Teil von Schulentwicklung im Folgenden besonders hervorgehoben.

5. Teamarbeit und Kooperation in der Schule

Dieses Kapitel behandelt die Bedeutung der Teamarbeit der Lehrerinnen und Lehrer in der Auseinandersetzung mit den Themen Sterben, Tod und Trauer. Zunächst wird aufgezeigt, was mit den Begriffen Teamarbeit und Kooperation in der Schule gemeint ist und ihre Bedeutung für besondere Herausforderungen in der schulpädagogischen Arbeit thematisiert. Anschließend werden erneut die Meinungen von Lehrerinnen und Lehrern zur Teamarbeit in der thanatopädagogischen Arbeit aufgegriffen, um hieraus Wege zu einer effektiven Teamarbeit in Bezug auf das Thema ableiten zu können.

5.1 Teamarbeit als Voraussetzung für erfolgreiches thanatopädagogisches Handeln

Grundsätzlich gilt für die Qualität der Arbeit an Schulen, dass in guten Schulen überdurchschnittlich häufig eine systematische Zusammenarbeit zwischen Lehrerinnen und Lehrern stattfindet (vgl. KIPER 2001, 69). Diese Aussage verwundert nicht. So machen viele Lehrerinnen und Lehrer die Erfahrung, dass immer dann, wenn Aktivitäten und Unterricht gemeinsam geplant, diskutiert, durchgeführt und reflektiert werden, die Ergebnisse auch besonders gut sind. Außerdem macht die Teamarbeit vielen Kolleginnen und Kollegen schlichtweg Spaß! Was aber genau ist mit schulischer Kooperation, systematischer Zusammenarbeit oder auch Teamarbeit gemeint?

Nach Wachtel/Wittrock wird unter schulischer Kooperation bereits vor mehr als dreißig Jahren bereits „die bewußte, von allen Beteiligten verantwortete, zielgerichtete, gleichwertige und konkurrenzarme Zusammenarbeit in allen Bereichen der Schule" verstanden (WACHTEL/WITTROCK 1990, 264). Um eine solche Form der Kooperation verwirklichen zu können, benötigen die Pädagoginnen und Pädagogen folgende Kompetenzen:

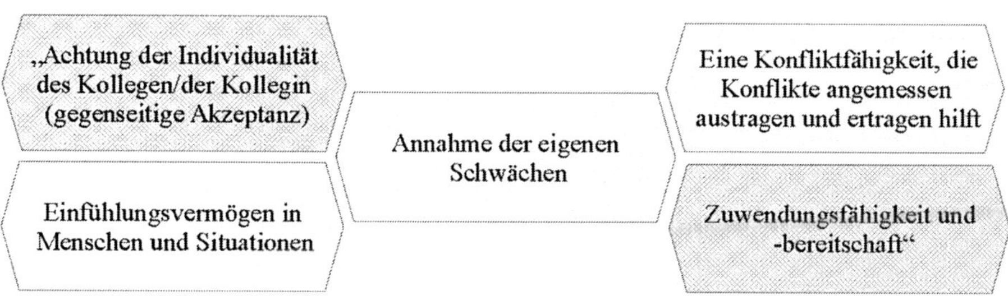

(WACHTEL/WITTROCK 1990, 267).

Auch wenn die Begriffe Teamarbeit und Kooperation meist synonym verwandt werden, soll an dieser Stelle auch eine Definition von Teamarbeit dargestellt werden, in der vier Merkmale von Teams betont werden.

So ist ein Team eine „Gruppe von Menschen, die

- ihre Ziele und Aufgaben gemeinsam entwickeln (Kooperation)
- von einem gemeinsamen, möglicherweise sehr weit gefassten Arbeitsverständnis ausgehen (Konzept)
- ihre Identität über die gemeinsame Verantwortung und autonome Gestaltung eines Bereiches gewinnen (Kompetenz)
- ihren Austausch und ihre Beziehungen zueinander als wesentlichen Teil der Arbeit begreifen (Kommunikation)“

(SCHLEY 1990, 149).

Nach diesem Teamverständnis handelt es sich bei Kooperation nur um einen Bestandteil der Teamarbeit, das jedoch eng mit den drei anderen Aspekten (Konzept, Kompetenz und Kommunikation) verflochten ist.

Bei geplanten oder angeordneten Veränderungen in Schule und den damit verbundenen Schulentwicklungsprozessen sind spezifische Teamkompetenzen notwendig. „Gemeinsame Visionen, der Austausch von individuellen mentalen Modellen im Team, kooperatives Handeln, persönliche Professionalisierung und systemisches Denken“ (KRIZ/NÖBAUER 2003, 41) gelten als die zentralen Prinzipien sich entwickelnder Organisationen, durch die ihnen die selbstorganisierte Anpassung an veränderte Umweltbedingungen schneller und besser gelingen kann.

Als besonderer Aspekt von Teamarbeit gilt der *Synergieeffekt*, der besagt, dass aus der gelungenen Gestaltung von Rollen und Beziehungen etwas entwickelt wird, das mehr ist als die Summe der Einzelteile des Teams und somit die Qualität der Arbeit in einer Weise beeinflusst, die durch das bloße Nebeneinander (auch guter Arbeit!) einzelner Lehrkräfte nicht möglich gewesen wäre.

Philipp stellt als Vorteile der Arbeit in Gruppen drei maßgebliche Aspekte fest:

„Die Gruppe weiß mehr,

die Gruppe regt an,

die Gruppe gleicht aus“

(PHILIPP 1998, 20).

Von besonderer Bedeutung für schulische Teamarbeit gilt die Voraussetzung eines unterstützenden Beziehungsrahmens, der bedeutet, dass „jedes Gruppenmitglied sich mit seinen jeweiligen Normen und Erwartungen – bei aller Unterschiedlichkeit – von den übrigen Gruppenmitgliedern und der Leitung akzeptiert und geschätzt fühlt“ (PHILIPP 1995, 36).

Gerade im Hinblick auf als problematisch und belastend erlebte Aufgabenfelder in Schule sei als weiterer Nutzen von Teamarbeit die *soziale Unterstützung* genannt, die den einzelnen Lehrkräften Rückhalt, Hilfe und die Möglichkeit des Austausches und der gegenseitigen Reflexion bietet. So kann davon ausgegangen werden, dass der Einfluss von Kollegium und Schulleitung auf die psychische Gesundheit von Lehrkräften häufig unterschätzt wird. Fehlt diese soziale Unterstützung auf Grund persönlicher oder institutioneller Gegebenheiten und ist ein Verzicht auf kollegialen Zusammenhalt und gegenseitige Unterstützung von Lehrkräften erkennbar, besteht laut verschiedener Untersuchungen zur Gesundheit von Lehrerinnen und Lehrern sogar ein erhöhtes Risiko für Burnout und Depression (vgl. BAUER 2003, 11). Dennoch ist Teamarbeit generell und im Rahmen von Schulentwicklungsprozessen im Besonderen nicht automatisch unproblematisch, sondern muss erlernt, gepflegt und professionalisiert werden. Hierbei ist es hilfreich, wenn die Beteiligten typische Phasen von Teamentwicklungsprozessen kennen, die als „Testphase, Nahkampfphase, Orientierungsphase und Verschmelzungsphase“ (KRIZ/NÖBAUER 2003, 51) bezeichnet werden können.

Außerdem ist es wichtig, auch Ursachen von Konflikten und Widerständen zu kennen und in der Teamarbeit zu berücksichtigen. Gerade Veränderungsprozesse, wie sie im vorangegangenen Kapitel gefordert wurden, rühren in Schulen an etwas Vorhandenem, das vielleicht schon seit langem etabliert ist und häufig zumindest von einem Teil des Kollegiums – auch wenn es sich nur um zwei oder drei Lehrkräfte handelt – geschätzt wird. Auf die Chance und häufig bestehende Notwendigkeit begleiteter Teamentwicklung durch Expert*innen soll an dieser Stelle ausdrücklich hingewiesen werden (vgl. JENNESSEN/KASTIRKE 2002). Diese kann helfen gegenseitige Erwartungen und Ängste auszusprechen und nach gemeinsamen Wegen zu suchen, im Interesse der Qualität der Schule mehrheitlich akzeptierte Veränderungen auf den Weg zu bringen.

Gerade im emotions- und häufig angstbesetzten thanatalen Tätigkeitsfeld ist die gegenseitige Unterstützung durch einen regelmäßigen Austausch über die unterrichtliche Situation, methodisch-didaktische Fragen und die Erwartungen und Befürchtungen der Lehrerinnen und Lehrer besonders wichtig. Auch die schulische Begleitung eines schwer kranken Kindes oder die Verarbeitung eines Todesfalls könne auf der Grundlage der dargestellten Vorteile von Teamarbeit im gemeinsamen Tun besser gelingen. Trotz der scheinbaren Offensichtlichkeit innerschulischer Kooperation ist nicht von ihrem grundsätzlichen Gelingen und einem per se positiven Erleben gegenseitiger Unterstützung auszugehen. Hierfür haben die kritischen Anmerkungen einiger Lehrkräfte zu den schulischen Rahmenbedingungen der Kooperation bereits Hinweise gegeben.

5.2 Was Lehrkräfte darüber denken – Forschungsergebnisse

Die Darstellung von Aussagen von Lehrerinnen und Lehrern über gemeinsame oder eher einsame Umgangsweisen, die die Begleitung schwer kranker Kinder und den pädagogischen Umgang mit Sterben, Tod und Trauer betreffen, werden im Folgenden noch einmal in zwei Aspekte gegliedert:

1. Auswirkungen auf das Bewältigungsverhalten der Lehrkräfte
2. Auswirkungen auf das pädagogische Handeln

5.2.1 Auswirkungen auf das Bewältigungsverhalten der Lehrkräfte

Für die Bewältigung von Belastungen gilt in der Stresstheorie der sogenannte kognitive Bewertungsprozess als entscheidend. Dieser besagt, dass der wichtigste Aspekt für das Erleben und die Bewältigung von Stress die Frage ist, ob ein bestimmtes Geschehen als Bedrohung oder als Herausforderung bewertet wird. Den Aussagen der interviewten Lehrerinnen und Lehrer ist mehrheitlich zu entnehmen, dass Teamarbeit in einem hohen Maße dazu beitragen kann, die Konfrontation mit Sterben, Tod und Trauer in erster Linie als Herausforderung wahrzunehmen.

Diese Einschätzung findet sich zum Beispiel in den Erzählungen von Lehrkräften zum Umgang mit den erlebten Belastungen:

IP: „Also, 'ne Hilfe war, dass wir zu zweit in der Klasse sind. Dass wir da auch miteinander drüber sprechen konnten.“ (Interview I, 8.14).

IP: Und ich hatte bis dato auch keine Fortbildung in der Richtung und wir waren damals ein, ein sehr gutes Team. Vier Leute, die eine Schwerbehindertenklasse hatten und wir haben uns eigentlich gegenseitig da immer wieder, äh, ausgetauscht und aufgebaut und das alles (...) gut gemeinsam getragen, würde ich aus heutiger Sicht sagen.“ (Interview P, 2.13)

Auch wenn in Förderschulen Teamarbeit strukturell dadurch erleichtert wird, dass teilweise mehrere Pädagoginnen und Pädagogen in einer Klasse arbeiten, ist der positive Nutzen von Teamarbeit auch in anderen Schulformen nutzbar, wenn beispielsweise auf Stufenebene eng zusammengearbeitet wird. In inklusiv arbeitenden Schulen ist Teamarbeit auch durch zumindest zeitweise Doppelbesetzungen in den Klassen oder die unterstützende Tätigkeit von Integrationshelfer*innen möglich. Letztzitierte Lehrerin konkretisiert ihre positive Bewertung der Teamarbeit für das eigene Bewältigungsverhalten zusätzlich durch die Einschätzung, dass diese konkrete Entlastung auch die Rücksichtnahme auf persönliche Befindlichkeiten beinhalte.

> IP: „Ich hatte eigentlich Angst, dass mir das alles über den Kopf wächst. Aber wir waren mit vier Kollegen und konnten uns da gegenseitig stützen, das war unheimlich wichtig. Dass ich nicht alleine war, sondern wie gesagt, dass wir zu viert waren und wir auch immer so signalisieren konnten: 'Also, heute bin ich dazu nicht in der Lage. Das muss ich mal an mir vorbeilaufen lassen. Kannst du mal die Initiative ergreifen oder kannst du das heute mal machen?'. Das war, das war sehr hilfreich." (Interview P, 8.7)

Diese Einschätzung der persönlichen Entlastung durch eine sensible und mitfühlende Kooperation, die in angemessener Weise Distanzierung zur Thematik und in bestimmten Situationen auch zu einem schwer erkrankten Kind ermöglicht, wird von einer anderen, eng mit Kolleginnen kooperierenden Lehrerin bestätigt.

> IP: „Und das ist dann immer sehr gut, wenn man dann im Team arbeitet und auch sehr offen miteinander umgeht. (...) So, dieses Loslassenkönnen, das brauchen wir allerdings eben aber auch, näh. So, dass einfach mal jemand zu dir kommt und sagt: `Nun ist aber gut. Du musst also nicht (...) da vorne stehen und aufpassen, dass alle Welt sich um deinen Stefan kümmert, sondern lass uns mal oder lass auch die anderen mal oder lass ihn selbst mal`. Dass man nun denkt: `Jipp, okay!`." (Interview T, 11.16)

Die durch eine offene Kommunikation und gegenseitiges Vertrauen in die Kompetenzen der Kolleginnen und Kollegen in der Teamarbeit mögliche Distanzierung kann also ein Bestandteil gesundheitsförderlicher Bewältigungsstrategien sein.

Die Befragung von Lehrkräften an Schulen für Körperbehinderte in Niedersachsen zeigt, welche Bedeutung der Austausch über Krankheit, Sterben und Tod für die Lehrkräfte im Einzelnen hat:

Bedeutung des themenbezogenen Austausches für die Lehrkräfte (N=289)

Nennung	Anzahl
Persönliche Unterstützung	201
Entlastung	187
Selbstreflexion	162
Reflexion der Thematik	200
Gewinn von Anregungen/ Impulsen für die pädagogische Arbeit	213
Hilfe für die Elternarbeit	2
Informationsaustausch	3
Versachlichung eines emotionalen Themas	1
Spaß	1
Suche nach gemeinsamen Weg	1
gemeinsames Tragen der Belastung	1
Verarbeitung des Erlebten	1
Summe	973

Abb. 4 Bedeutung des themenbezogenen Austausches

Fasst man die Antworten in Gruppen zusammen, bezieht sich der eine inhaltliche Schwerpunkt vorrangig auf Aspekte der *persönlichen Entlastung und Unterstützung*, während der andere eher *pädagogisch* orientiert ist und die *Reflexion der Thematik* an sich und die *Kompetenzerweiterung des eigenen pädagogischen Handelns* beinhaltet. Für den Austausch über thanatale Themen im Team sind beide inhaltlichen Perspektiven von gleichwertiger Bedeutung.

Ist die thanatale Thematik nicht Bestandteil der Teamkultur der Einzelschule, wird in vielen Fällen auf rein informelle Möglichkeiten des Austausches zurückgegriffen.

IP: „Ja, ja und es ist dann eher ja so am Rande, dass man in der Pause oder nach dem Unterricht spricht.“ (Interview I, 19.19)

Es ist offensichtlich, wie bedeutsam die Auseinandersetzung über Sterben und Tod ist, wenn für den Austausch informelle Wege gewählt werden und mit Entspannungszeiten und privater Freizeit, persönliche Ressourcen zur entlastenden Kommunikation investiert werden.

Diese Einschätzung spiegeln auch die Ergebnisse der bereits erwähnten Befragung wider:

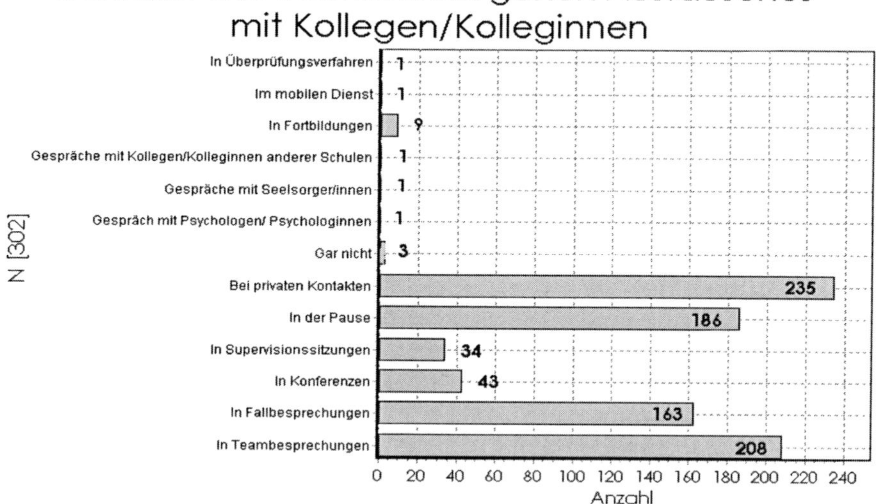

Abb. 5 Rahmen des themenbezogenen Austausches

Es ist ersichtlich, dass der themenspezifische Austausch mit Kolleginnen und Kollegen am häufigsten im Rahmen privater Kontakte stattfindet (235 Nennungen) und mit 186 Nennungen die Pausen als dritthäufigst genannter Rahmen ebenfalls einen informellen Weg des Austausches darstellen. Mit Team- und Fallbesprechungen werden jedoch auch schulische Strukturen für themenbezogene Auseinandersetzungen in recht hoher Anzahl (208 bzw. 163 Nennungen) benannt, wohingegen Konferenzen (43 Nennungen) und Supervisionssitzungen (34 Nennungen) eher selten genutzt werden.

Die äußerst beachtliche Anzahl der informellen Wege des Austausches über ein eindeutig schulpädagogisches Aufgabenfeld ist ein klares Indiz für fehlende bzw. mangelnde Möglichkeiten der diesbezüglichen Kommunikation in angemessenen, professionellen Strukturen.

Diesen positiven Einschätzungen der Teamarbeit entspricht auch der Wunsch eines Lehrers nach kommunikativen Kompetenzen und einer offenen persönlichen Haltung seiner Kolleginnen und Kollegen in diesem Themenfeld:

IP: „Dann überhaupt, äh, ja Kollegen und, und Mitarbeiter, die a) die eben voll aufgeschlossen gegenüber den (Themen) sind. Die auch – so schwer wie es ist – vielleicht keine Hemmungen haben, damit umzugehen, (…) selbst zu sprechen." (Interview J, 8.11)

Die hier zusammengestellten Äußerungen decken sich mit der grundsätzlichen Erkenntnis, dass sozialem Rückhalt als einer Ressource, auf die das Individuum bei der Stressbewältigung zurückgreifen kann, große Bedeutung zugesprochen werden kann. Auch die Einschätzung, dass speziell in der Begleitung schwer kranker und sterbender Menschen das Erleben positiver Beziehungen zu und Unterstützung von Kollegen als Quelle beruflicher Zufriedenheit gilt, zeigen die Aussagen der interviewten Lehrkräfte.

Diesen werden im Folgenden Aussagen gegenübergestellt, die eine eher isolierte Bewältigung dieser beruflichen Belastungssituation widerspiegeln.

In diesem Sinne lässt sich die Aussage einer Lehrerin auf die Frage nach gewünschten Formen der Unterstützung interpretieren:

IP: „Ich würde das dann ____, wahrscheinlich würde ich das Gespräch mit Kollegen suchen. Erst mal so im Kollegenteam. Das wäre das Erste. Das wäre dann schon mal hilfreich. Und dann müsste man sehen." (Interview K, 10.14).

Die Lehrkraft berichtet an anderen Stellen des Interviews von verschiedensten, zum Teil intensiven Belastungen, beantwortet die Frage nach Unterstützungsformen jedoch rein hypothetisch. Dies zeigt, dass bis dahin kein thematischer Austausch im Kollegium stattgefunden hat bzw. dieser tabuisiert wurde.

In der Untersuchung von Lehrkräften zu diesem Thema wurde ebenfalls nach bevorzugten Gesprächspartnern gefragt.

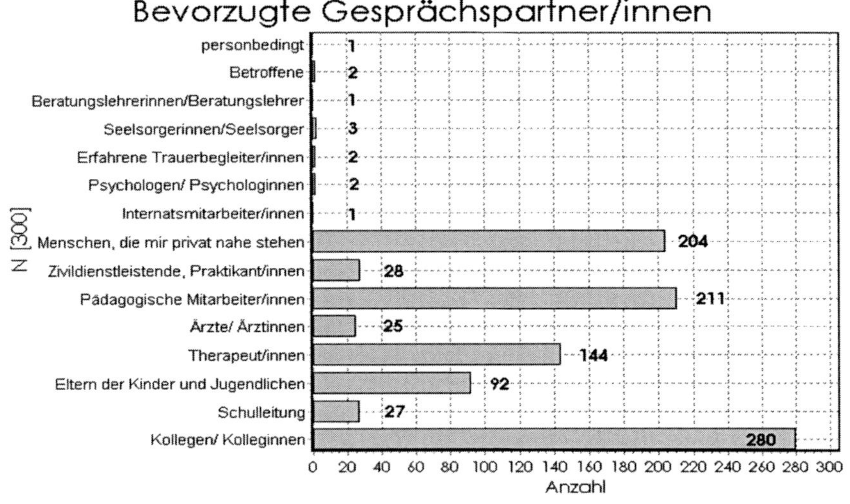

Abb. 6 Bevorzugte Gesprächspartner/innen

Mit 280 Nennungen (93,3%) stellen die Kolleginnen und Kollegen (Lehrkräfte) die mit Abstand am häufigsten genannte Gruppe bevorzugter Gesprächspartner/innen dar, gefolgt von der Gruppe der pädagogischen Mitarbeiterinnen und Mitarbeiter mit 211 Nennungen (70,3%). Die Tatsache, dass 204 Befragte (68%) Menschen, die ihnen privat nahe stehen, als bevorzugte Gesprächspartner/innen benennen, zeigt, dass viele Lehrkräfte zusätzlich zu dem Austausch im Team auch die persönliche Entlastung im Gespräch auf privater Ebene nutzen. Es kann davon ausgegangen werden, dass hier eventuell Überschneidungen bestehen, wenn private Kontakte zu Kolleginnen und Kollegen gepflegt werden, in denen auch die hier behandelten Themen angesprochen werden.

Eine andere Lehrkraft berichtet von massiven tabuisierenden Tendenzen innerhalb ihres Teams, als nach ihrem Wiedereinstieg in das Berufsleben durch die Beschulung von drei schwer erkrankten Schülern die Notwendigkeit der Auseinandersetzung bestand.

IP: „(...) (Ich habe; Anm. d. Verf.) eigentlich auch gemerkt, dass man dort ziemlich allein gelassen wird, dass es doch auch erstmal ein Tabuthema war. Wir arbeiten ja hier in Teams zusammen und, äh, also, als ich wiederkam an diese Schule vor sieben Jahren, hatten wir in der Klasse, in dem ersten Schuljahr, drei Schüler, drei männliche Schüler, die an der Muskeldystrophie Duchenne erkrankt waren. Das war natürlich erst mal, es ist ja selten, dass das so massiv auftritt. Das waren Zwillinge und ein weiterer Schüler noch. Und das war schon also sehr schwierig. Wir haben dann innerhalb kürzester Zeit erlebt, wie diese beiden Schüler eben, die Zwillinge, sehr schnell dann im Rollstuhl saßen. Das war für uns eigentlich auch ein ganz schmerzhafter Prozess, ähm, auch immer zu sehen, wie diese Kinder hinfielen und manche dachten auch, die machen das absichtlich und so. (...) Man musste erst auch mit dem Team drüber sprechen. Da muss auch 'ne Offenheit entstehen und (...) wir mussten sehr viel aneinander arbeiten. Man geriet dann über andere Dinge auf einmal, die gar nicht so wichtig waren, wie banale Sachen auf einmal aneinander. Es gab also Spannungen. Das war schon erst mal ein ganz schwieriger Einstieg für mich ganz persönlich (...). In dieser Schule Fuß zu fassen und eben mit dieser Problematik fertig zu werden." (Interview O, 1.26; vgl. 4.1; 6.10)

Es wird deutlich, dass das Aufbrechen des Tabus und die erstmalige Auseinandersetzung über die Thematik Krankheit, Sterben und Tod und der damit verbundenen Gefühle und Gedanken der Lehrkräfte äußerst problematisch waren. Die grundsätzliche Feststellung zur Teamkooperation, dass diese nicht automatisch unproblematisch ist, sondern erlernt, gepflegt und professionalisiert werden muss, erfährt angesichts einer tabuisierten und emotional belastenden Thematik eine weitere Verschärfung.

Der fehlende Austausch im Team zeigt sich bei einer interviewten Lehrkraft auch in der Schwierigkeit, die angesprochenen Themen und ihre Gedanken und Gefühle im Rahmen des Interviews auszudrücken:

IP: „Ich kann das nicht sagen, ich kann das ganz schlecht ausdrücken. Das ist unglaublich schwierig, ähm, das aufzunehmen. Also, ich finde auch das Gespräch ist total, es ist sehr, sehr intensiv und es ist auch sehr schwer, teilweise Sachen so auszudrücken, wie sie wirklich sind, näh. Und es direkt auf den Punkt zu bringen, nicht einfach, näh. Es kann auch sein, wenn ich jetzt hier rausgehe, dass ich denke: 'Mein Gott, da und da und dies.'" (Interview F, 14.28)

Die Aussage spiegelt die an anderer Stelle des Interviews geäußerte, fehlende themenbezogene Auseinandersetzung mit Kolleginnen und Kollegen wider. So dient der Austausch auch der persönlichen und fachlichen Reflexion und stellt somit eine wichtige Strategie zur Entwicklung und Klärung der eigenen Haltung und des eigenen pädagogischen Handelns dar. Fehlt dieser Austausch, scheinen erhebliche Schwierigkeiten zu bestehen, eigene Gedanken, Gefühle und Einstellungen zu formulieren, da sie nicht in einem gemeinsamen Prozess entwickelt werden konnten.

Ein weiteres Anzeichen für fehlende kommunikative Prozesse und themenbezogene Kooperation scheint die mehrfach genannte Notwendigkeit des privaten Austausches über Krankheit, Sterben und Tod als Bewältigungsstrategie zu sein.

IP: „Also, Supervision hatten wir nicht, aber, ähm, also es ist schon so, dass man das dann halt (...) z. B. zu Hause einfach irgendwie losgeworden ist, bei Bekannten oder so. Also, ich bin halt eh eher jemand, ich muss über so was reden, so. Es geht nicht anders, so. Und dann kann ich auch damit umgehen." (Interview A, 10.17)

Der Verweis, dass an der Schule Supervision nicht zur Verfügung stand, ist ein Beleg dafür, dass die an der Schule bestehenden professionellen Angebote des kollegialen Austausches und der Unterstützung als nicht zureichend erlebt wurden und aus diesem Grund die Notwendigkeit der privaten Unterstützung hervorgehoben wird. Diese Form des Austausches wird jedoch auch mit einer anderen Argumentation von einer Lehrerin benannt:

IP: „Also mir reicht es (der Austausch im Team; Anm. d. Verf.) nicht. Sondern man kann sich die Leute ja auch nicht unbedingt immer aussuchen, näh, mit denen man zusammenarbeitet oder auch mit denen man redet. Man muss im Team ja auch mit jedem sprechen, der mit dem Kind zu tun hat und das sind nicht immer alles deine Freunde. Also von da braucht man schon noch Leute mit denen man drüber reden kann, (...) wo ein ganz anderes emotionales Verhältnis besteht." (Interview T., 13.28)

Möglicherweise reicht für die Bewältigung von Fragen im Zusammenhang mit Sterben und Tod eine ausschließlich berufliche Ebene des Austausches nicht aus. Es scheint hier der entscheidende Aspekt des Vertrauens nicht in einem Maße entwickelt zu sein, das eine vertiefende Auseinandersetzung zuließe. Kann innerhalb eines Teams nicht auf vertrauensvolle Beziehungen unter den Teammitgliedern zurückgegriffen werden, ist die Notwendigkeit des Angebotes unterstützender

Formen des professionellen Austausches in der Schule noch wichtiger, um neben den persönlich berührenden Aspekten der Thematik einen Raum zu haben, in dem die pädagogischen Fragen auf der Basis professioneller Kooperation diskutiert werden können. Auch wenn die vorgenommene Differenzierung in fachliche und persönliche Teilaspekte der Thematik nicht dem grundsätzlich erhobenen Anspruch an die Verbindung eben dieser Kompetenzen der Pädagogen und Pädagoginnen entspricht, muss sie beachtet werden. So ist es unter dem Aspekt der Qualitätssicherung der pädagogischen Arbeit absolut wichtig, einer Individualisierung des Umgangs mit der Thematik vorzubeugen. Denn: Beim Umgang mit Sterben, Tod und Trauer handelt es sich um eine professionelle pädagogische Aufgabe, für deren angemessene Bewältigung Schulen als Ganzes und Teams als Teile dieses Ganzen unterstützende Angebote im Sinne ihrer themenbezogenen Qualitätsentwicklung bereitstellen sollten.

Die vorliegenden Interviewaussagen zeigen außerdem, dass eine Verbindung zwischen einer grundsätzlich positiven Einstellung gegenüber innerschulischer Kooperation und dem Rückgriff auf diese Form der Unterstützung innerhalb des thanatalen Problemfeldes besteht.

IP: „Mmh, ja, also das Erste ist halt (...) meine pädagogische Mitarbeiterin, die eben damit ja noch stärker zu tun hat als ich. Dann (...) sind da einige Kolleginnen, mit denen ich ganz gut darüber sprechen kann. Unsere Beratungslehrerin (...), die kann ich da immer ganz gut zu Rate ziehen. Also, mit allen hab' ich auch bei anderen Problemen gute Erfahrungen gemacht." (Interview E, 9.1)

Wird der Austausch mit den Kolleginnen über problematische Situationen des Berufsalltages grundsätzlich als hilfreich erlebt, so wird auch bezüglich der thanatalen Thematik die Auseinandersetzung im Team gesucht.

Dieser Aussage können die Antworten eines Lehrers gegenübergestellt werden, der die Kooperation im Team sowohl generell als auch themenbezogen eher negativ einschätzt. So stellt dieser zunächst hinsichtlich des Austausches von Materialien im Kollegium fest:

IP: „Da gibt es nirgendwo eine Sammelstelle, wo man sagt: 'Mensch, da hab' ich jetzt ein Repertoire, was kann ich denn nehmen?'. Das (...) muss man alles selbst arbeiten. Jeder Lehrer arbeitet für sich und wenn er mal stirbt, geht alles in den Sperrmüll." (Interview M, 18.4)

Dieses Bild des Lehrers als Einzelkämpfer wird auch an verschiedenen anderen Stellen des Interviews deutlich und zeigt sich auch in seiner Haltung zum Umgang mit schwerer Erkrankung, Sterben und Tod. So verweist er darauf, dass er sämtliche schulische Problemstellungen alleine „manage" (Interview M, 10.25) und auch auf die Teilnahme an innerschulischer Supervision verzichte.

Die Auswirkungen dieser unterschiedlichen Bewertung des Nutzens von Teamarbeit auf das pädagogische Handeln an der Schule sind Gegenstand des folgenden Abschnitts.

5.2.2 Auswirkungen auf das pädagogische Handeln

Es ist davon auszugehen, dass Teamarbeit nicht nur Auswirkungen auf die Befindlichkeit der Lehrerinnen und Lehrer, sondern auch auf die pädagogische Arbeit im Themenfeld Sterben, Tod und Trauer hat. Dies kann sich sowohl in der Begleitung schwer kranker Kinder als auch in der grundsätzlichen Auseinandersetzung mit diesen Themen widerspiegeln. Die folgenden Aussagen beziehen sich zumeist auf den erstgenannten Fall. Da diese aber aus der unmittelbaren Konfrontation mit Sterben, Tod und Trauer entstanden sind, können die Erfahrungen der Lehrerinnen und Lehrer auch auf andere und grundsätzlich weniger emotionale Situationen in der Schule übertragen werden.

Die Bedeutung des Austausches im Team für pädagogische Prozesse macht die folgende Aussage deutlich:

IP: „Wenn so ein Kind, was nun irgendwann spindeldürr geworden ist und was völlig fest im Rollstuhl sitzt und ist mit uns auf 'ner Nordseeinsel auf Klassenfahrt und der Wind pfeift kalt, dann darf der sich nicht erkälten, näh. Ist doch klar (…), diese Lungengeschichte ist immer schon lebensgefährlich und wenn aber jemand da sitzt, der mit seinen 15 Jahren, ähm, ganz klar sagt: 'Nee, ich bind' mir doch kein Schal um, näh. Hast du sie nicht alle?', dann überlegt man sich schon gemeinsam die Millionen Tricks, wie man irgendwie es schafft, dass dieser Mensch dann irgendwie einen Schal umnimmt. (…) Ich hatte denn so ein schwarzes fließendes Seidentuch und denn haben wir da irgendwie halt mit Kollegen halt ein Spiel draus gemacht und das war dann das Teufelstuch, das Satanstuch und es wurde dann akzeptiert als Satanstuch. Aber das ist denn schon, dass man, näh, irgendwie so miteinander auch ja Dinge bewältigt, Probleme bewältigt. Die vielleicht auch nur daran liegen, dass man einem diese Würde nicht nehmen will. Es ist also ein bisschen mehr als nur ein orthopädisches Mittel, sondern schon, dass man irgendwie versucht, einem so zu helfen, dass er damit leben kann, würdevoll leben kann." (Interview T, 13.37)

Hier wird von den Lehrerinnen ausdrücklich die Würde des Betroffenen als Bezugspunkt des pädagogischen Handelns in den Blick genommen. Es wird deutlich, dass dem beschriebenen Vorgehen ein Prozess des Austausches und der Verständigung über pädagogische Ziele und Wege im Förderprozess des lebensbedrohlich erkrankten Jugendlichen vorausgegangen sein muss. Nur auf der Grundlage einer solchen Übereinstimmung lassen sich Fragen in Bezug auf Gesundheitsfürsorge und Menschenwürde angemessen bewältigen, ohne dass entweder der betroffene Jugendliche oder die beteiligten Pädagoginnen in problematischer Weise bloßgestellt werden.

Dieser positiven Auswirkung der Teamarbeit können Aussagen der interviewten Lehrkräfte entgegengesetzt werden, die die Effekte einer fehlenden Kooperation auf die Förderung der Betroffenen betreffen.

IP: „(…) Sicher könnte das angesprochen werden auf einem Teamgespräch oder so, wenn man das möchte, schon. Aber ich will mal sagen, so im Alltag, im täglichen Alltag hier ist das Thema, ich möchte nicht sagen tabu, aber wir leben halt so, näh. Sind alle behindert und alle akzeptieren ihn so oder akzeptieren die Schüler so, wie sie sind, und insofern gehört das jetzt, ist das ein Stück Normalität auch, näh. Dass jemand (…) vielleicht erst laufen konnte und dann ist er im Rollstuhl (…). Also, das zieht sich ja auch oft, das zieht sich auf Jahre hin. Das ist ja nicht so, dass das so plötzliche Änderungen sind, näh.“ (Interview K, 7.11)

Das hier angesprochene Prinzip des Bagatellisierens und Ignorierens spezifischer Förderbedürfnisse lebensbedrohlich erkrankter Schülerinnen und Schüler ist auf Grund der besonderen Belastungen dieser Kinder sehr problematisch. So werden zwar die allgemeinen Förderbedürfnisse der Kinder gesehen, nicht jedoch die zusätzlichen Belastungen, die durch eine fortschreitende Bedrohung des Lebens bestehen.

Eine fehlende Thematisierung von schwerer Krankheit im Team kann auch zur Folge haben, dass Wissenslücken einzelner Kolleginnen und Kollegen nicht durch vorhandenes Fachwissen anderer ausgeglichen werden können. So berichtet eine Lehrkraft von den dadurch entstandenen Problemen in der pädagogischen Förderung:

IP: „(…) man muss ja einfach auch wissen, näh, ich kann ja nicht sagen: ‚Ja, weiß ich auch nicht, woher das kommt‘. Also, so blauäugig kann man ja auch mit solchen Dingen auch nicht umgehen. Obwohl es gibt, ich hatte in dem Team manchmal so den Eindruck, dass manche es nicht wahrhaben wollten. Du stellst dich an!‘“ (Interview O, 4.21)

Obwohl dem geschilderten Verhalten der Kolleginnen sicherlich auch verdrängende Bewältigungsstrategien als Ursachen für ihre Einschätzungen des Schülerverhaltens zugrunde liegen, ist auch der Aspekt des nicht vorhandenen Fachwissens in Bezug auf medizinische und psychosoziale Aspekte fortschreitender Erkrankungen wichtig. So kann die Tatsache, dass ein Team ‚mehr weiß‘ als bedeutender Faktor für die Qualität pädagogischer Arbeit benannt werden, wenn die Teammitglieder ihr jeweiliges Fachwissen austauschen und die gemeinsamen Erkenntnisse in die Arbeit einfließen lassen. Diese Einschätzung kann auch auf den Austausch mit kompetenten anderen Fachkräften ausgeweitet werden, wenn er z. B. dem tieferen Verständnis der Lebenssituation des erkrankten Kindes dient oder Hintergründe für auffällige Verhaltensweisen in Trauerphasen deutlich macht.

Einer weiteren Aussage sind die Folgen einer nicht vorhandenen Auseinandersetzung im Team nach dem Tod eines Kindes zu entnehmen.

IP: „Also, es ist immer so, dass man sich dann auch fragt: Hat man irgendwas falsch gemacht?' Wie gesagt, so diese Wut auch. Es ist so diese Wut, die dann auch irgendwo dahinter steckt." (Interview R, 15.7)

Die von der Lehrerin mehrfach geäußerte, nicht vorhandene thematische Auseinandersetzung im Team bedingt starke Unsicherheiten in der Reflexion ihres eigenen pädagogischen Handelns.

Fehlende Kommunikationsprozesse im Verlauf der Begleitung eines lebensbedrohlich erkrankten Kindes erschweren somit sowohl das Bewältigungsverhalten der Lehrerin als auch die Gestaltung eines angemessenen Förderprozesses. Letzterer Aspekt lässt sich auf Grund der Äußerung der Lehrkraft zunächst nur vermuten. Es lässt jedoch durch die dargestellte Gegenüberstellung ein Zusammenhang zwischen positiven Auswirkungen erlebter Kooperation auf die individuelle Bewältigung der Situation und den wahrgenommenen Effekten auf das eigene pädagogische Handeln feststellen. Der Nutzen von sozialer Unterstützung im Team kann auf der Grundlage der hier ausschnitthaft vorgestellten Interviewdaten somit als wichtiger Aspekt für die Qualität der pädagogischen Arbeit innerhalb des Themas identifiziert werden.

5.3 Handlungsleitlinien für die Schulpraxis

Teamentwicklung ist immer Schulentwicklung und mit dieser untrennbar verbunden. Zunächst lässt sich die Notwendigkeit effektiver Teamarbeit an Schulen also aus dem allgemeinen Bedarf an guter pädagogischer Arbeit ableiten. Schulen, die sich im Hinblick auf spezielle Fragestellungen entwickeln wollen, sind hierbei auf eine Organisationsstruktur angewiesen, die Teamgeist und Kooperationsfähigkeit der Beteiligten ermöglicht und fördert.

Die Bedeutung der sozialen Unterstützung in den Kollegien der Schulen für die Gesundheit der Lehrkräfte sowie einen angemessenen pädagogischen Umgang mit den Themen schwere Krankheit, Sterben, Tod und Trauer konnte in den Interviewaussagen und Befragungsergebnissen eindeutig nachgewiesen werden. Deshalb kann auf den Punkt gebracht werden:

Thanatopädagogische Schulentwicklung bedarf einer Teamkultur, in der Sterben, Tod und Trauer enttabuisiert kommuniziert werden können.

Für die Entwicklung einer in diesem Sinne gestalteten innerschulischen Kooperation können verschiedene teamförderliche Aspekte beachtet werden, die Auswirkungen auf die themenübergreifende Zusammenarbeit in der Einzelschule beinhalten.

Zunächst ist es sinnvoll, grundlegende Teamstrukturen zu entwickeln, die als Basis sämtlicher Kommunikationen und Kooperationen innerhalb der einzelnen Klassen- und/oder Stufenteams dienen. Als oberste Prämisse gilt hier das *zeitlich ausreichende und räumlich ansprechende Angebot für Teamsitzungen*, an denen alle Lehrkräfte beteiligt sind. Die Entwicklung kooperationsfördernder schulischer Strukturen ist absolut notwendig, da nur durch sie vertrauensvolle und professionelle Beziehungen zwischen den Teammitgliedern wachsen können. Diese stellen die Voraussetzung für eine enttabuisierte Kommunikation über fortschreitende Erkrankung, Sterben, Tod und Trauer dar, die sowohl die gemeinsame Planung und Gestaltung der pädagogischen Arbeit als auch die soziale Unterstützung der Lehrerinnen und Lehrer zum Ziel hat.

Für eine systematische Auseinandersetzung über die Situation einzelner kranker oder trauernder Kinder bieten sich *Fallbesprechungen* an, an denen je nach Thema auch schulexterne Fachkräfte, wie evtl. Mitarbeiterinnen und Mitarbeiter von Heimeinrichtungen oder des Jugendamtes, behandelnde Ärztinnen und Ärzte oder die Erziehungsberechtigten des betroffenen Kindes teilnehmen können. Für die strukturierte Problem- und Themenbearbeitung sind Modelle der Kooperativen Beratung hilfreich (vgl. z. B. METHNER et al. 2013). Fallbesprechungen sind auch in aktuellen finalen Lebensphasen oder aber nach dem Tod von Schülerinnen und Schülern, Lehrkräften oder Angehörigen sinnvoll. Hier können gemeinsame Umgangsweisen des Teams mit den Mitschülerinnen und Mitschülern strukturiert diskutiert, geplant und reflektiert werden.

Auch regelmäßige *Supervisionen*, in denen thanatale Themen ausdrücklich berücksichtigt werden können, sind unter der Perspektive eines effektiv zusammenarbeitenden Teams sinnvolle Reflexionsformate. Die durch die vorliegenden Forschungsergebnisse eindeutig erkennbare Tatsache, dass Lehrkräfte in Schulen meist nicht über diese Form der Unterstützung verfügen, widerspricht der gesundheitspsychologischen Einschätzung, dass die Einrichtung von Supervisionsgruppen durch externe Moderator*innen mit besonderem Wissen in Psychotherapie und Burnout-Fragestellungen von nachhaltiger Hilfe für die Bewältigung schulischer Belastungen ist. Die Interviewaussagen der Lehrerinnen und Lehrer spiegeln aber den dringenden Bedarf und Wunsch für die Auseinandersetzung mit thanatalen Themen im Rahmen professioneller Supervision wider.

Es ist davon auszugehen, dass auf Grund unterschiedlicher inhaltlicher und methodischer Akzentuierungen in Fallbesprechungen vorrangig die Situation schwer erkrankter oder trauernder Kinder und in Supervisionen vor allem die Belastungs-

und Bewältigungssituation der begleitenden Lehrerinnen und Lehrer im Mittelpunkt stehen. Auch hier besteht jedoch eine wechselseitige Beeinflussung beider Themenschwerpunkte, die sich in der Praxis nicht isoliert betrachten lassen. Zu bedenken ist, dass je nach aktueller Bedürfnislage einer Methode der Vorrang gegeben werden sollte bzw. optimalerweise beide als regelmäßige Unterstützungsstrukturen zur Verfügung stehen, um die Balance beider Perspektiven zu gewährleisten.

Unter weiterbildenden sowie entlastenden Gesichtspunkten sinnvoll ist außerdem die punktuelle Unterstützung der Teams durch die *Kooperation mit Fachleuten*, die über Teilaspekte der Thematik informieren, beraten und für spezielle Fragen des Themenkomplexes zur Verfügung stehen. Hier sind Hospitationen in Kinderhospizen und der Austausch mit ambulanten Kinderhospizdiensten denkbar, aber auch Besuche von Fachärzten/Fachärztinnen und psychologischen wie therapeutischen Expert*innen in der Schule. Der Austausch mit Lehrkräften anderer Schulen, die möglicherweise in ihrer thanatopädagogischen Qualitätsentwicklung weiter vorangeschritten oder erfahrener sind, kann als zusätzlich bereichernder Erfahrungsaustausch für die themenbezogene Arbeit eines Teams initiiert werden.

Für sämtliche Varianten themenbezogener Teamentwicklung gilt, dass diese neben dem übergeordneten Ziel guter pädagogischer Arbeit auch die Bedürfnisse, Kompetenzen und persönlichen Grenzen der beteiligten Teammitglieder im Auge behalten muss.

Wie bereits erwähnt, können Ängste und unbearbeitete Erfahrungen mit Sterben und Tod die Lehrkräfte in ihrer aktiven Auseinandersetzung mit thanatalen Themen hemmen oder blockieren. Diese individuellen Blockaden müssen im Team wahrgenommen, ausgehalten und in die Teamprozesse behutsam integriert werden. In Einzelfällen kann es erforderlich sein, dass sich Beteiligte auch *außerhalb* von Schule mit ihren biographischen Erfahrungen auseinandersetzen. Es ist jedoch im Rahmen des gesamten thanatopädagogischen Entwicklungsprozesses zu erwarten, dass die Gestaltung einer unterstützenden Schulkultur dazu beiträgt, Raum für individuelle Bedarfe zu schaffen und die Verschiedenheit der Ausgangslagen und Möglichkeiten der Beteiligten zu berücksichtigen. Stellt Schule die Bedingungen für eine offene und bedürfnisorientierte Auseinandersetzung bereit, profitieren Lehrkräfte hiervon sowohl hinsichtlich ihrer professionellen pädagogischen Kompetenzen als auch in Bezug auf ihren persönlichen Umgang mit thanatalen Fragen, Erlebnissen und Herausforderungen.

Alle themenbezogenen Aktivitäten der Teams legitimieren sich letztendlich durch die Aufgabe, allen Kindern – auch denen, die von schwerer Krankheit betroffen sind oder Verlusterfahrungen zu bewältigen haben – optimale Bedingungen zur eigenen Entwicklung und Entfaltung in der Schule anzubieten. Hierfür benötigen die Lehrkräfte professionelle Kompetenzen und fachlich-persönliche Stabilität, die im Team entwickelt und gefestigt werden können. Für Teamentwicklung im Rahmen von Schulentwicklung ist zu beachten, „dass sie keine Privat-angelegenheit zwischen Lehrern, sondern eingebettet in ein innerschulisches Konzept, in dem Eckpunkte guter Teamarbeit für alle verbindlich vereinbart wurden" (SCHUMACHER 2003, 194), aufgehoben ist. Thanatopädagogische Teamarbeit vor dem Hintergrund themenübergreifender Teamentwicklung kann im gesundheitsförderlichen Sinne dazu beitragen, das Repertoire verfügbarer Bewältigungsstrategien von Lehrkräften zu erweitern und somit die situationsbezogene Flexibilität des Bewältigungsverhaltens der Individuen und des Teams zu erhöhen.

6. Rituale: Ausdrucksmöglichkeiten von Abschied und Trauer

(Aus: *Und was kommt dann? Das Kinderbuch vom Tod* von Pernilla Stalfelt)

In diesem Kapitel wird die Bedeutung von Ritualen in der schulischen Trauerarbeit thematisiert. Wie in den vorangegangenen Abschnitten auch erfolgt die Darstellung in drei Schritten: Zunächst wird grundsätzlich geklärt, was Rituale überhaupt sind und warum ihr Einsatz in der schulischen Trauerarbeit hilfreich sein kann. Anschließend kommen Lehrerinnen und Lehrer zu Wort, die über ihre Erfahrungen mit Abschieds- und Trauerritualen berichten. Darauf aufbauend werden Möglichkeiten aufgezeigt, Rituale in der Gestaltung einer bewussten Auseinandersetzung von schulischen Trauerprozessen sinnvoll einzusetzen.

6.1 Chancen von Ritualen in der pädagogischen Trauerarbeit

Rituale scheinen uns allen bekannt zu sein. Doch wenn wir gefragt würden, was ein Ritual eigentlich ist, fällt die Antwort gar nicht so leicht. Auf eine äußerst einfache Formel gebracht, wird unter Ritual ein „Vorgehen nach einer festgelegten Ordnung verstanden“ (DUDEN 1999, 713). Auch wenn mit dem Begriff *Ritus* meist Teilbereiche aus *Ritualen* oder bestimmte *rituelle Handlungen* bezeichnet werden, so bleibt die Trennung zwischen Ritus und Ritual jedoch in der Regel unscharf. Gelegentlich wird in dem Bemühen um eine begriffliche Genauigkeit auch auf die ritenspezifische „Tendenz zum Mystizismus verwiesen“ (KAISER 2000, 3).

Der Begriff des Rituals ist in den vergangenen Jahren sowohl in wissenschaftlicher als auch in populärer Literatur sehr präsent. Vor allem in Ratgebern für Schule und Erziehung finden sich Ausführungen zu Ritualen und werden von Eltern, aber auch von Lehrerinnen und Lehrern gerne gekauft.

Ursprünglich aus eher kulturanthropologischer und ethnologischer Perspektive untersucht und diskutiert, wird der Ritualbegriff und somit auch die Ritualtheorie seit einigen Jahren ebenso von Wissenschaftlerinnen und Wissenschaftlern aus soziologischen, politologischen, medien- und kommunikationswissenschaftlichen, rechtswissenschaftlichen, medizinischen, literatur- und kulturwissenschaftlichen, thanatologischen sowie psychologischen und erziehungswissenschaftlichen Disziplinen für ihr jeweiliges Fach entdeckt und diskutiert. Auch Versuche einer interdisziplinär ausgerichteten theoretischen Auseinandersetzung finden sich in entsprechenden Sammelbänden, wobei trotz vieler inhaltlicher Schnittstellen eine gemeinsame Theoriebildung meist erst gar nicht beabsichtigt ist.

Eine Unmenge unterschiedlicher Definitionen, Begriffsverständnisse und Verwendungszwecke spiegeln die Vielzahl von sich teilweise widersprechenden theoretischen Hintergründen und Vorstellungen wider. Eine eindeutige, verbindliche Definition von Ritualen liegt nicht vor. Die immense Vielfalt und die vielen Funktionen von Ritualen in menschlichen Gesellschaften mögen hierfür die Ursache sein. Auch der Vorwurf, der Ritualbegriff werde vor allem in Psychologie und Pädagogik verallgemeinernd und vereinfachend missbraucht, wird beispielsweise von Ethnologen zunehmend formuliert und gipfelt in der berechtigten Frage: „Ist eine Mofaprüfung an sich schon ein Ritual?“ (ERDHEIM 2001, 167). So wird gerade im Zuge der sogenannten *Pädagogisierung des Rituals* der Vorwurf erhoben, dass alle möglichen Handlungen und Events in einer derart unbekümmerten Art und Weise als Rituale bezeichnet werden, dass diese mit ihrer eigentlichen Bedeutung nicht mehr viel gemeinsam haben.

Platvoet legt seinen flexiblen und sehr weiten Darstellungen zur Theorie des Rituals eine provisorische und etwas komplizierte Ritualdefinition zugrunde, die dieses als „weites Feld an Formen sozialer Interaktion zwischen Menschen und zwischen einem bzw. mehreren Menschen und anderen, realen oder postulierten, ansprechbaren Wesen (versteht); Interaktionen, die sich durch eine gewisse Anzahl an (…) bezeichnenden Eigenschaften und Funktionen auszeichnen, um als ‚Ritual' im Sinne einer vagen, polythetischen Kategorie des ‚Familienähnlichkeits'- Typus klassifiziert zu werden" (PLATVOET 2003, 174).

Krieger und Belliger fassen Kriterien für ein Grundverständnis von Ritualen zusammen, wie es auch theorieübergreifend von Bedeutung und für ein Ritualverständnis im Rahmen dieses Buches hilfreich sein kann:

> „Persönliche, soziale und kulturelle Identität, d.h. die Zugehörigkeit zu einer Gruppe oder einer Gesellschaft, wird durch Handeln in Form von Ritualen zugleich ausgedrückt und verwirklicht"
> (KRIEGER/BELLIGER 2003, 30).

So wird der identitätsstiftende Aspekt als grundlegendes Element aktueller Ritualtheorien angeführt: „Kulturelle Reproduktion, die Bildung von Gruppensolidarität und die Konstruktion von sozialer und persönlicher Identität erfordern allem Anschein nach repräsentative Darstellungen in Form von performativen Handlungen, die ganz allgemein unter den Begriff ‚Ritual' oder ‚Ritualisierung' fallen" (KRIEGER/BELLIGER 2003, 30).

Auch wenn von einer weitgehenden Übereinstimmung in der aktuellen pädagogischen Diskussion über den Nutzen von Ritualen in Erziehung von und dem Leben mit Kindern und Jugendlichen ausgegangen werden kann, ist eine grundlegend kritische Reflexion von Ritualen in der Pädagogik erforderlich. Nur so lassen sich ihre Chancen und Grenzen erkennen und der sinnvolle Einsatz von Ritualen begründen. Denn Rituale sind „häufig ein zweischneidiges Schwert, das sich ständig zwischen Einbindung und Entfaltung des Individuums, zwischen Offenheit und Geschlossenheit und zwischen Bewußtem und Nicht-Bewußtem bewegt" (PIPER 1996, 49). Kaiser sieht in Ritualen sogar das grundlegende Entscheidungsdilemma widergespiegelt, welches in pädagogischen Diskursen aufgrund des niemals alleinigen richtigen pädagogischen Weges unvermeidbar ist (vgl. KAISER 2000, 37).

Es ist davon auszugehen, dass die Bewertung von Ritualen in erster Linie von der Persönlichkeit und dem subjektiven Standpunkt des Betrachters bzw. der Betrachterin abhängig ist. So wurde in den 1980er Jahren davon ausgegangen, dass eine negative Haltung gegenüber Ritualen umso strikter ausfallen dürfte, „je mehr biografische Energie die Betreffenden dafür haben aufbringen müssen, sich selbst aus traditionalistischen Herkunftsmilieus zu lösen“ (ZIEHE 1987, 17). Unsere heutigen gesellschaftlichen Strukturen zeichnen sich jedoch vielmehr durch individualisierte und polyvalente Lebenssituationen und -wege aus, in denen Kinder häufig nach haltgebenden, klaren Strukturen suchen, um sich in ihrem Leben zurechtzufinden. In den Elternhäusern dieser Kinder fehlen oft transparente und konsequent umgesetzte Formen des Zusammenlebens und sie erleben entweder Interesselosigkeit der Eltern oder die (häufig überfordernde) Erziehungshaltung, in sämtliche Entscheidungsfragen miteinbezogen zu werden. Hier können Rituale – in Schule *und* Elternhaus – verlässliche Bestandteile von Lebens- und Lernsituationen darstellen, die von den Kindern oft regelrecht eingefordert werden. Die individuelle Lebensgeschichte scheint somit das maßgebliche Kriterium für die Bewertung von Ritualen zu sein.

Um auf einer möglichst objektiven Grundlage die eigenen Entscheidungen zur Bewertung von Ritualen treffen zu können, sollen im Folgenden Gegensätze (Antinomien) von Ritualen in der Pädagogik skizziert werden. Die Gegenüberstellung von Polen in Form von Argumenten und Gegenargumenten verdeutlicht die Widersprüchlichkeit von Ritualen und die Möglichkeit ihrer sowohl einseitigen wie auch differenzierten Beurteilung. Überschneidungen einzelner Spannungsfelder sind hierbei unvermeidbar.

Tab. 4 Spannungsfelder in der Beurteilung von Ritualen (vgl. JENNESSEN 2006, 113; vgl. auch KAISER 2000, 35)

Nr.	Pol 1/Argumente	Pol 2/Gegenargumente
1	Rituale sind Strukturierungs- und Orientierungshilfen.	Rituale fixieren Lernende auf die Lehrkräfte und sind ein Pseudo-Ordnungssystem.
2	Soziales Miteinander wird geregelt.	Rituale sind esoterisch abgehoben und anti-aufklärerisch.
3	Rituale machen das Unterrichtsgeschehen durchschaubar.	Rituale disziplinieren.
4	Rituale erleichtern den Ablauf von Unterricht und Schulzeit durch eine dramaturgische Gliederung.	Rituale vernebeln und können vom Unterricht ablenken.
5	Rituale entsprechen den Ordnungsbedürfnissen der Kinder.	Rituale stereotypisieren.
6	Rituale fördern den Weg zur Selbstständigkeit.	Rituale unterwerfen und manipulieren.
7	Rituale bieten Verlässlichkeit.	Rituale sind überholt.
8	Rituale überwinden die heutige Zeithetze.	Rituale sind Zeitverschwendung.
9	Rituale befriedigen ästhetische Menschenwünsche.	Ästhetik ist zu subjektiv, als dass Rituale diese befriedigen könnten.
10	Rituale lassen Spielraum für eigenes Handeln (Offenheit).	Rituale haben auf Grund festgelegter Handlungsabfolgen enge Grenzen (Geschlossenheit).
11	Rituale sind einsehbar und kritisierbar.	Rituale verfügen über normative Kraft, die diese legitimieren.
12	Rituale sind verstehbar und haben vor der Vernunft Bestand.	Rituale beziehen das Individuum und seine Ratio nicht ein.
13	Rituale können den grauen Schulalltag aufhellen.	Rituale sind Äußerlichkeiten, die blind sind und blind machen.
14	Rituale können Konflikte regeln.	Rituale können in Schlag-, Gewalt- und Bandenrituale ausarten.
15	Rituale gestatten das Mitmachen und reizen zum Nachmachen.	Rituale sind als Rückschritt zu einer konservativen Pädagogik zu verstehen, da sie in autoritärer Weise unkritische, passive Schüler*innenhaltungen eintrainieren.
16	Rituale werden von den Teilnehmenden mit Inhalten gefüllt.	Rituale sind inhaltsleere Hüllen.

Zur weiteren Beschreibung eines der genannten Spannungsfelder sei exemplarisch die aufgelistete Gegenüberstellung zwischen Mitgestaltungsoption und passiver Unterwerfung durch die Verwendung von Ritualen in der Schule aufgegriffen. So wird auf die große Bedeutung des Schuleintritts und der damit verbundenen bzw. erwünschten rituellen Inszenierungen in vielen Ritualen grundsätzlich positiv zugewandten Beiträgen verwiesen. Als herausstechende Kriterien werden die Vermittlung eines Gefühls der Zugehörigkeit, das fröhliche Feiern als angstreduzierendes Mittel bei einem einschneidenden biographischen Ereignis und das Herausheben dieses Tages aus der Schulroutine benannt. Aus einer anderen Perspektive betrachtet, beinhaltet gerade dieses Schuleingangsritual disziplinierende Dimensionen, die in diesem Sinne auf Schule einstimmen und den weiteren Schulweg vorzeichnen sollen. So sieht Wagner in der erstmaligen Zuordnung eines Kindes zu seiner Schulklasse die Verpflichtung des Kindes auf einen allgemeinen Konsens mit den Bedingungen des Systems Schule. „Damit verknüpft ist die Erwartung, daß es mit dieser ersten Zustimmung auch sein Einverständnis zu allen nun folgenden Anweisungen, Forderungen und Entscheidungen des Lehrers/der Lehrerin gegeben hat“ (WAGNER 1987, 24). Durch das Ritual des Schuleintritts werde der Übergang von einer Institution (der Familie) in eine andere (die Schule) gestaltet und durch die Unterstellung des Konsenses für die Kinder gleichzeitig erstmals die Balance zwischen persönlicher und sozialer Identität gefährdet.

Das Beispiel des Schuleintritts veranschaulicht bestehende Spannungsfelder in der Einschätzung schulpädagogischer Rituale, die ein ausgewogenes und angemessenes Austarieren zwischen beiden Polen erfordern.

Kaiser zieht als Konsequenz aus den aufgezeichneten unauflösbaren Spannungsfeldern folgenden Schluss:

„Rituale müssen ein ausgewogenes Verhältnis von Bewahren und Entwickeln enthalten“ (KAISER 2000, 35).

Außerdem gilt für einen reflektierten schulpädagogischen Umgang mit Ritualen:

„Rituale müssen hinterfragt werden. Rituale müssen neu belebt werden, Rituale müssen neu geschaffen werden“ (HINZ 1995, 20).

Auf der Basis dieser Grundannahmen von Ritualen in der Pädagogik lassen sich die nachfolgend skizzierten Aspekte eines ritualisierten Umgangs mit Tod und Trauer in Schulen im Sinne einer Thanatopädagogik verstehen. So werden ritualisierte Umgangsweisen und deren Wirkfunktionen nach dem Tod von Schülerinnen und Schülern dargelegt. Nahezu alle Aspekte sind jedoch auf den Umgang mit dem Tod von anderen an der Schule tätigen Menschen übertragbar.

Die Bedeutung von Ritualen in der schulischen Trauerarbeit lässt sich an folgenden Merkmalen verdeutlichen:

- *Rituale verleihen der Trauer der Schul-Angehörigen Ausdruck.*

Je nach persönlicher Verbundenheit mit dem verstorbenen Kind oder Jugendlichen benötigen die trauernden Mitschülerinnen und Mitschüler sowie die Lehrkräfte Möglichkeiten des Ausdrucks der Trauer über den Verlust eines verstorbenen Schülers oder einer Schülerin. Rituale ermöglichen dies sowohl in der Klasse als auch in der gesamten Schule. Allen Beteiligten werden Möglichkeiten gegeben, ihre Trauer zu kommunizieren und zu bekunden. Gerade Begleitung und Trauerarbeit mit Schülerinnen und Schülern, die einen hohen Unterstützungsbedarf haben, stellen Lehrkräfte in inklusiven pädagogischen Settings vor besondere Anforderungen und erfordern die Vermittlung von Lebensbeistand und Sicherheit durch körperlichen Kontakt in entspannter, meditativer, ritueller Atmosphäre.

- *Rituale stärken den Zusammenhalt der trauernden Schul-Angehörigen.*

Durch die gemeinsame rituelle Gestaltung der Trauer und des Abschieds erleben die Schülerinnen und Schüler, aber auch die anderen in der Schule tätigen Menschen, dass sie mit ihrer Trauer nicht allein sind. Gemeinsame Gedenkfeiern in Klasse und/oder Schule stärken in dieser emotional verunsichernden Situation das Gefühl der Gemeinschaft, des Zusammenhaltes und der Sicherheit in der Gruppe der Trauernden.

- *Rituale ermöglichen einen bewusst gestalteten Trauerprozess.*

In verschiedenen Phasen der Trauer benötigen Trauernde unterschiedliche Formen des Trauerausdrucks und der Erinnerung an den verstorbenen Menschen. Ein als Ritual gestalteter Grabbesuch kann beispielsweise für die Mitschülerinnen und Mitschüler des/der Verstorbenen als wiederkehrendes Element den Trauerprozess begleiten und im Sinne eines Mementos[1] fungieren. Die zeitlichen Abstände der Friedhofsbesuche sowie die Grabgeschenke und die mit den Besuchen verbundenen Vor- und Nachbereitungen in der Klasse können den Bedürfnissen der Schüle-

[1] Mementos sind Gegenstände, die als Erinnerungsobjekte für einen trauernden Menschen in Verbindung zu einem Verstorbenen stehen. Wörtliche Übersetzung (lat.): Ich gedenke

rinnen und Schüler entsprechend gestaltet und möglicherweise zu einem bestimmten Zeitpunkt abgeschlossen werden.

- *Rituale geben Lehrkräften Handlungssicherheit.*

In einer auch für Lehrerinnen und Lehrer emotional stark belastenden und verunsichernden Situation schaffen Rituale Möglichkeiten, aktiv und angemessen zu handeln. Von verschiedenen Seiten – Schülerinnen und Schüler, Eltern, Kolleginnen und Kollegen – werden vor allem an die jeweiligen Klassenlehrer*innen unterschiedlichste Anforderungen, Anfragen und Erwartungen gestellt. Verfügen Lehrkräfte über Kenntnisse bezüglich der Wirkungen und Einsatzmöglichkeiten von Ritualen in der schulischen Trauerarbeit oder existieren an einer Schule vereinbarte Leitlinien zur bewussten Gestaltung von Abschieds- und Trauersituationen können diese Lehrkräften Orientierung für ihr Handeln geben. Zu schulisch vereinbarten Leitlinien können Formalia zur Information der anderen Eltern, zur Gestaltung einer Todesanzeige in der Zeitung oder zur Gestaltung eines Ortes der Trauer in der Schule gehören.

- *Rituale bieten den Rahmen für persönliche, individuelle Ausgestaltungen von Abschied und Trauer.*

Rituale geben einen Rahmen für die Trauerarbeit vor, der die Konzentration auf die Inhalte und somit auf die individuellen Besonderheiten des Einzelfalls ermöglicht. Durch die ästhetisch-kreative Dimension von Ritualen können diese in einer Art und Weise gestaltet werden, die sowohl der Person des Verstorbenen mit ihren besonderen Eigenschaften und Vorlieben als auch den Beziehungen der Mitschülerinnen und Mitschüler zu dem/der Verstorbenen entspricht. So können schulische Abschiedsfeiern mit Lieblingsliedern des verstorbenen Kindes oder Jugendlichen gestaltet werden, persönliche Abschiedsbriefe verfasst oder Erinnerungsbilder geschaffen werden. „Es kann eine Bildwand mit Dingen, die er (der verstorbene Schüler; Anm. d. Verf.) gern hatte, gestaltet werden oder es kann der Platz des Schülers geschmückt und seine Sachen können erst einmal so belassen werden, wie er sie verlassen hat“ (LEYENDECKER/LAMMERS 2001, 189).

- *Rituale geben schulischen Trauerprozessen Raum für Emotionen.*

In der stark von Rationalität geprägten Bildungseinrichtung Schule bestehen nur wenige Ausdrucksmöglichkeiten für Emotionen. Rituale können neben der Möglichkeit des Ausdrucks dazu beitragen, Gefühle zu kanalisieren und somit Inneres schöpferisch auszudrücken. Durch ihre zu wiederholende und vertraute Struktur verhindern sie, dass Trauergefühle die Trauernden überwältigen und sie durch die ungewohnt emotionale, schulische Situation überfordert werden.

- Rituale geben lebensbedrohlich erkrankten Mitschülerinnen und Mitschülern die Zuversicht, in der Schule nicht vergessen zu werden.

„In unserer Lebenswelt, in der es keine verbindlichen Muster mehr gibt für Trauerarbeit und das Durchleben der Trauerphasen, findet die antizipierte Trauer des betroffenen Schülers (…) oft isoliert und heimlich statt" (ORTMANN 1995, 164). Erleben schwer erkrankte Schülerinnen und Schüler jedoch, dass an verstorbene Kinder und Jugendliche nach ihrem Tod gedacht wird, dass die Hinterbliebenen in der Schule trauern und sich in ihnen vertrauten Formen erinnern, vermittelt dies die Sicherheit, nicht vergessen zu werden und auch nach dem Tod eine bedeutsame Rolle für die Zurückgebliebenen zu spielen. Das Erleben von Ritualen in der Schule kann somit für alle Kinder und Jugendlichen, speziell jedoch für diejenigen, die an lebensbedrohlichen Erkrankungen leiden, angstreduzierende Funktionen übernehmen.

- *Rituale sind Schülerinnen und Schülern aus dem pädagogischen Schulalltag vertraut und vermitteln deswegen in thanatalen Situationen Sicherheit.*

In allen Schulen gehören Rituale in mehr oder weniger starker Ausprägung zum pädagogischen Alltag. In emotional belastenden Situationen können Kinder und Jugendliche somit an Strukturen erinnert werden, die ihnen bereits aus anderen pädagogischen Zusammenhängen vertraut sind und bezüglich deren Ausgestaltung und Sinn sie über einen gewissen Erfahrungsschatz verfügen. Beim mehrmaligen Erleben von Trauerritualen kann somit Angst genommen, Entlastung geschaffen und Vertrauen in den nicht-bedrohlichen Umgang mit der eigenen Trauer entwickelt werden.

6.2 Was Lehrkräfte darüber denken – Forschungsergebnisse

Bevor die Meinungen von Lehrerinnen und Lehrern zum Nutzen von Abschiedsritualen vorgestellt werden, soll folgende Definition noch einmal auf den Punkt bringen, was mit Ritualen des Abschieds und der Trauer gemeint ist:

> „Ein Abschiedsritual ist eine bewusst vorbereitete und vollzogene symbolische Handlung, die Gefühle und Gedanken des Trauernden ausdrückt. Diese Handlung ist individuell gestaltet, ihr Inhalt wird geprägt durch die Bedürfnisse und Überzeugungen des trauernden Menschen. Elemente aus überlieferten Ritualen können enthalten sein; eine symbolische Handlung kann auch ohne Anlehnung an Traditionen gestaltet werden. (…) Es kann ein einmaliges Geschehen sein, es kann in derselben Form mehrmals wiederholt werden oder einen fortlaufenden Charakter haben. Ein Ritual spricht den ganzen Körper an, indem es die Aktivität von Körper, Seele und Geist fördert. Ein Ritual wirkt auf verschiedenen Ebenen integrativ. Der Vollzug einer symbolischen Handlung kann eine heilende Wirkung für den Vollziehenden haben."
>
> (Nijs 1999, 29)

Für den Einsatz von Ritualen in der schulischen Trauerarbeit sei ergänzend auf ihre verbindende Funktion verwiesen. So stiften Rituale Gemeinschaft durch in der Regel symbolische Formen von Kommunikation. Für die Betrachtung von Schule als Institution oder Schulklasse als deren untergeordnetes System ist diese gemeinschaftsstiftende Bedeutung in der Bewältigung von Trauer besonders wichtig, wobei es sinnvoll ist, die individuellen Bindungen, Emotionen und Wünsche der trauernden Kinder in diese gemeinsamen Rituale zu integrieren.

Sinnvoll scheint es, im Folgenden die Erfahrungen der Lehrkräfte in der Gestaltung von Ritualen auf zwei Ebenen zu unterscheiden:

1. Rituale in der Schule
2. Rituale in der Schulklasse

6.2.1 Rituale in der Schule

Die Ebene der gesamten Schule in Bezug auf den allgemeinen Umgang mit Tod und Trauer ist in Kapitel vier bereits beschrieben worden. Sie bedarf deswegen in der Auseinandersetzung mit schulischen Ritualen lediglich der besonderen Ergänzung.

Im Rahmen schulinterner Fortbildungsveranstaltungen zum Thema lebensbedrohliche Erkrankung, Tod und Trauer wurden in einer Schule Vereinbarungen getroffen, die den Umgang mit dem Tod eines Kindes oder Jugendlichen auf der Ebene der Schule betreffen. Zwei interviewte Lehrkräfte dieser Schule berichten von dem Prozess der Einigung auf die sowohl schulorganisatorische als auch rituelle Aspekte betreffenden Vereinbarungen und Formen der Trauer und des Abschiednehmens. Im Einzelnen werden die Durchführung einer schulischen Abschiedsfeier, die Gestaltung eines Ortes des Gedenkens in der Schule und eine von den Mitschülerinnen und Mitschülern mit Texten und Bildern gestaltete Anzeige im Rahmen der Schülerzeitung genannt. Die Aussagen beider Lehrerinnen zeigen, dass sie die Möglichkeit der Festlegung von Umgangsformen als äußerst sicherheitsgebend und beruhigend empfinden. Auch wenn seit der Festlegung dieser Rituale an der Schule keine Kinder mehr verstorben sind und somit noch nicht auf die Erfahrung ihres tatsächlichen Einsatzes zurückgegriffen werden kann, lässt sich die Bedeutung der getroffenen Vereinbarungen an der Einschätzung ablesen, diese bei Bedarf sicherlich zu nutzen.

Die Vorstellung, bei Todesfällen gemeinsam entwickelte Trauer- und Abschiedsrituale nutzen zu können, wird auch von einer Lehrerin äußerst positiv eingeschätzt, an deren Schule bislang noch keine solchen Vereinbarungen bestehen:

IP: „Ich denke, es müssen so Dinge zu Ende gebracht werden, (...) Dinge abgeschlossen werden und dafür braucht man auch so ne äußere Form. Das glaube ich schon. Und (...) das kennen unsere Schüler eigentlich auch so, ob es nun Verabschiedungen sind von Schülern oder was auch immer. Das wird eigentlich viel bei uns so gemacht, dass man ja so Feierstunden gibt oder eben solche Bücher nochmal schreibt oder so was. Wird ihnen, glaube ich, gar nicht komisch vorkommen. (...) Ja, und ich denke, das braucht man, sonst, ja, sonst ist einfach was abgeschnitten und nicht verarbeitet." (Interview E, 16.05)

Zum einen wird hier der Aspekt von Abschiedsritualen thematisiert, bei dem durch die Verwendung unterschiedlicher Symbole das Ende des gemeinsamen Lebensweges aufgezeigt wird und somit der Abschied begreifbar wird. Diese Funktion von Ritualen entspricht der Einschätzung der Lehrerin, durch bewusst gestaltete äußere Formen zur Bewältigung der Verlusterfahrung beitragen zu können. Zum anderen wird jedoch auch deutlich, dass Rituale im Zusammenhang von Tod und Sterben dann in besonderem Maße ihre Wirkung entfalten können, wenn sie grundsätzlich Bestandteil der jeweiligen Schulkultur sind. Sind Rituale Schülerinnen und Schülern aus dem pädagogischen Schulalltag vertraut, können sie in thanatalen Situationen Sicherheit vermitteln, da ihre positive Wirkung erinnert und bezüglich ihrer Ausgestaltung und ihres Sinns über einen gewissen Erfahrungsschatz verfügt wird. Auch wenn an dieser Stelle die Perspektive der ganzen Schule auf Rituale fokussiert wird, gilt diese Einschätzung auch für den Einsatz von Ritualen in der Schulklasse, wenn Rituale Bestandteile der Kultur der Gestaltung von Leben und Lernen in der Kleingruppe sind.

Auch ein weiterer Lehrer stellt die möglicherweise unterstützende Funktion gemeinsamer Rituale auf der Ebene der Schule heraus:

IP: ___ „Ja erstens vielleicht, um nicht Gefahr zu laufen, von vornherein vielleicht was ganz Falsches zu machen."

I: „Als Sicherheit?"

IP: „Als Sicherheit, ja. ___ Und zweitens auch, (...) so ein gewisses gemeinsames Vorgehen, denn das ist ja auch manchmal, denke ich, das Problem, dass der eine ist so, der andere so. Gut, viele Möglichkeiten sind da, aber so dieses Gemeinsame, um dann auch jetzt den Schüler, denn um den es geht es ja doch hauptsächlich, nicht zu sehr zu verunsichern." (Interview J, 10.31)

Die Aussage der Lehrkraft spiegelt die eigenen Ängste wider, in der Situation nach dem Tod eines Kindes nicht in angemessener Weise reagieren zu können. Hier erhofft er sich Handlungssicherheit durch vorab entwickelte Rituale. Diese Sicherheit möchte er jedoch auch den Schülerinnen und Schülern vermitteln, deren Begleitung er als seine vorrangige Aufgabe versteht. Diese Einschätzung verdeutlicht die ritualimmanente Funktion der Verlässlichkeit und Orientierung.

Es muss jedoch auch auf die Gefahr verwiesen werden, dass der interviewte Lehrer auf Grund starker Unsicherheiten Rituale als strikte Verhaltensnormen versteht, die es in entsprechenden Situationen zu befolgen gilt. In diesem Fall werden Rituale jedoch zu sinnentleerten Routinehandlungen, die den individuellen Bedürfnissen der Trauernden und der Persönlichkeiten der Verstorbenen nicht gerecht werden können. Vielmehr sind die bewusste Vorbereitung und die bewusste Gestaltung der symbolischen Handlung unbedingter Bestandteil sinnvoll eingesetzter Rituale.

Den Einschätzungen der zitierten Lehrkräfte sei die Äußerung einer Lehrerin gegenübergestellt, deren Kollegium sich bewusst gegen eine Vereinbarung organisatorischer und ritueller Abschiedsformen entschieden hat.

IP: „Es ist aber kein Todesfall mehr so intensiv gewesen wie bei diesem M.. Das hatte dann mal zur Diskussion geführt, ob man nicht gucken (sollte) (...), dass man mit allen gleichermaßen umgeht als Schule: Todesanzeige und Kranz oder Gesteck oder solche Äußerlichkeiten. (...) Da hat sich das Kollegium aber ziemlich deutlich so ausgesprochen, dass einfach jeder Fall für sich zu betrachten ist. Und wenn es eben ein Schüler war, der wirklich ein Mittelpunkt war, auch ein Mittelpunkt der Schule und, und von seiner Bekanntheit her und so, dann kann das ruhig anders ausfallen als (bei) jemand(en), der vielleicht schon seit fünf oder sechs Jahren nicht mehr da ist. Das ist dann auch ganz menschlich. Wir tun das ja nicht, um anderen zu gefallen, sondern so, wie wir es eben für uns brauchen, näh. Und ich würd's (...) nicht so gut finden, wenn man da jetzt so ein so ein Konzept in der Schublade liegen hätte wie: ‚Was muss ich machen, wenn ein Todesfall eintritt'." (Interview P, 10.15)

Die Ausführungen zeigen, dass im Kollegium der Schule Bedenken bestehen, auf Grund der Vereinbarung von Formen des Abschiednehmens in der Möglichkeit eingeschränkt zu werden, sowohl die Persönlichkeit des verstorbenen Kindes als auch die individuellen Bedürfnisse der Trauernden in der Schule ausreichend berücksichtigen zu können. Auch dieser Einschätzung liegt ein eher starres, rigides Ritualverständnis zugrunde, das keine bedürfnisorientierten Veränderungen zulässt. Rituale müssen aber immer dahingehend hinterfragt werden, ob diese tatsächlich in der Lage sind, die beabsichtigten Botschaften auszudrücken. Falls sie das nicht können, müssen sie gegebenenfalls verändert werden. Hier wird deutlich, dass vor der Entscheidung für die Entwicklung thanataler Rituale innerhalb der Schule eine Auseinandersetzung mit dem Ritualbegriff hilfreich ist, um unvollständige und möglicherweise irritierende Vorstellungen über ihren Nutzen zu verhindern.

Den hier aufgegriffenen Interviewaussagen ist zu entnehmen, dass Rituale als Formen des Umgangs mit Tod und Trauer auf der Ebene des Systems Schule bislang kaum entwickelt sind. Dies entspricht der in Kapitel vier bereits aufgezeigten, eher geringen Berücksichtigung der thanatalen Thematik innerhalb des Gesamtsystems Schule.

6.2.2 Die Ebene der Schulklasse

Betrachtet man Schulklassen etwas genauer, ist festzustellen, dass beispielsweise wertschätzende Beziehungen zwischen den Lehrkräften und den Schülerinnen und Schülern sowie eine positive Atmosphäre innerhalb der Schülergruppe, das gemeinsame Besprechen von Problemen und Konflikten und die Eröffnung von Möglichkeiten der Beteiligung am Klassengeschehen als grundsätzlich entwicklungsförderliche Bedingungen für Kinder gelten.

Welche Aussagen lassen sich nun auf Grundlage der vorliegenden Interviewaussagen über den Nutzen von Abschiedsritualen für die Trauerarbeit in der Schulklasse treffen?

Hierzu finden sich vor allem Aussagen von Lehrkräften, die bereits über Erfahrungen im themenbezogenen Einsatz von Ritualen verfügen. Diese können wiederum hinsichtlich des Zeitpunktes ihres Einsatzes unterschieden werden, wobei eine Unterscheidung in die Situation vor dem Tod eines Kindes, nach seinem Tod und bezogen auf die prozessorientierte Trauerbewältigung sinnvoll ist.

Folgende Aussagen einer Lehrerin beziehen sich auf die Gestaltung einer Abschiedssituation vor dem Tod eines Schülers:

IP: „Er kriegte dann Cortison und wurde dann dick, war auch ganz unglücklich darüber und wollte dann noch einmal in die Schule kommen. Also, als würde er das spüren eigentlich, was Kübler-Ross auch schreibt. (...) Irgendwo spüren sie dieses nahende Ende, die Kinder näh. Und (...) da sind die Eltern noch mal mit ihm gekommen, haben uns alle aufgestellt, alle Mitarbeiter und Bernd. Er saß dann in der Mitte des Bildes (...) auf einem Lehnstuhl, weil er gar nicht mehr, er konnte nur noch ganz langsam gehen. Brauchte auch einen ganz bequemen Stuhl. Haben wir geholt, ja, und dann ist er noch mal fotografiert worden. Und dann ist er wenige Tage danach gestorben. Also, er hat Abschied genommen." (Interview O, 9.27)

Der hier beschriebene, bewusst gewählte Abschied des schwer kranken Schülers von seinen Mitschülerinnen, Mitschülern und Lehrkräften kann als Ritual bezeichnet werden, da es sich hierbei um eine Inszenierung handelt, die zwar zunächst rational zu sein scheint, jedoch zusätzliche Symbolkraft entfaltet. Der Wunsch des Schülers, seine Klasse zu besuchen, kann allein sicherlich nicht als Ritual interpretiert werden, die Ausgestaltung dieses Besuches indes schon. So symbolisiert beispielsweise das Arrangement der Positionierung des Schülers auf einem bequemen Stuhl in der Mitte des Kreises die zentrale Bedeutung, die ihm in dieser Situation zugesprochen wird. Es ist zu vermuten, dass sowohl der erkrankte Junge als auch die anderen Anwesenden die besondere Tragweite dieses Besuches als Abschiedsbesuch spürten und dementsprechend gestalteten. Das im Rahmen dieses Abschiedsrituals entstandene Foto dient außerdem als Memento, da es eine besondere, da letzte Begegnung mit dem verstorbenen Schüler festhält und somit in spezieller Weise der dauerhaften Erinnerung dient – möglicherweise auch in Zeiten, in denen das Bedürfnis der bewussten Erinnerung vor allem bei ihm besonders nahestehenden Personen vorhanden ist.

Von einem weiteren Ritual vor dem Tod eines Kindes berichtet eine Lehrerin, die ihren sterbenden Schüler auf dessen Wunsch am Tag seines Todes zu Hause besuchte und ihm eine Sternenkarte als Abschiedsgeschenk überließ. Dieses Geschenk für den an astrologischen Phänomenen äußerst interessierten Jungen sollte ihm als „erweiterter Stadtplan" (Interview T, 6.6) dienen und symbolisiert somit den Wunsch nach Hilfe und Orientierung im unbekannten Jenseits. Die Sternenkarte wurde dem verstorbenen Schüler mit in den Sarg gelegt und fungiert somit als Grabbeigabe. Dieses Abschiedsritual schien für die Lehrerin tröstend und bewältigungsförderlich zu sein.

Die nachfolgende Interviewaussage beinhaltet die von einem Klassenteam initiierten Rituale nach dem Tod eines Schülers.

IP: „Was machen wir überhaupt jetzt, wie gehen wir mit diesem Tod des Schülers um? Und dann haben wir uns überlegt, dass jeder einen Brief oder ein Bild malt, um auch mit der Situation zurechtzukommen. Das hat meine Kollegin damals gemacht. Und dann sind wir zur Beerdigung gefahren, meine Kollegin und ich, und haben dann diese Briefe an den Sarg gelegt. Das haben wir den Schülern auch erzählt und dann, ja dann war die Beerdigung auf den Friedhof, genau. Und dann sind wir später, ein paar Wochen später mit der ganzen Klasse, zu diesem Friedhof gefahren. Wir hatten die Schüler auch drauf vorbereitet, wie das aussieht. Das Grab war noch mit Blumen geschmückt und unter schönen Bäumen und das war auch allen ein Bedürfnis dort hinzufahren. Es war 'ne etwas längere Fahrt und es sind auch alle mitgefahren und sind halt traurig, aber eben auch befreit, so den Eindruck hatten wir.“ (Interview O, 10.17)

Das Bedürfnis, dem verstorbenen Schüler persönliche, individuelle Geschenke mit zu geben, ist ein erstes Bemühen der Trauerbewältigung durch einen bewusst gestalteten Abschied. Auch die Teilnahme an der Beerdigung stellt zumindest für die Lehrerinnen eine wichtige Form der Verabschiedung dar, wobei offen bleibt, warum nicht auch die Kinder an der Zeremonie teilnahmen. Das in unserer Gesellschaft weit verbreitete Vorgehen, Kindern dic Teilnahme an Beerdigungen zu verwehren, ist kritisch zu bewerten. Denn so bleibt der Tod und auch die Verabschiedung von verstorbenen Menschen für Kinder meist etwas Fremdes. Allerdings ist bei der Teilnahme von Schüler*innen an der Beerdigung eines Mitschülers oder einer Mitschülerin darauf zu achten, dass die Eltern mit der Teilnahme einverstanden sind, die Kinder hinreichend auf die sie erwartenden Ereignisse vorbereitet werden und Bezugspersonen zum Trost und zur Klärung von Verständnisfragen zur Verfügung stehen.

Der Besuch des Grabes mit der gesamten Schulklasse wird von der oben zitierten Lehrkraft als „traurig“ und „befreiend“ zugleich geschildert, wobei deutlich wird, in welchem Maße mit Grabstätten neben ihrer Funktion als Orte der endgültigen Aufbewahrung des Leichnams auch ihre Bedeutung als Orte der Erinnerung verknüpft sind. Die bei Fehlen eines Grabes häufig einsetzende Suche nach anderen Plätzen, an denen die verstorbene Person „erinnerbar“ ist, unterstreicht die Bedeutung von Gräbern für die Trauerbewältigung der Hinterbliebenen.

IP: „(...) Ich hab’ dann einen Brief geschrieben an die Schüler und auch an die Eltern, weil er gehörte einfach zu uns, dass sie es einfach wissen. Und denn haben wir zusammen ’ne Anzeige noch in die Zeitung gesetzt (...) und sind auch zu seinem Grab gegangen und haben da Tulpen gepflanzt. Also, das war uns schon wichtig, es jetzt nicht einfach so abschwimmen zu lassen, sondern (...) das für uns zum Abschluss zu bringen und auch für die Kinder.“ (Interview I, 6.30)

Neben dem bereits erwähnten Besuch am Grab eines verstorbenen Schülers werden hier zusätzlich das Verfassen eines Briefes an die verwaisten Eltern sowie die Gestaltung einer Todesanzeige in der Zeitung benannt. Alle hier aufgeführten Rituale zeigen, dass die Lehrerin beabsichtigt, den Tod des Mitschülers bewusst und somit als „Abschluss“ im Sinne eines tatsächlich begreifbaren Abschieds zu gestalten.

Eine ähnliche Absicht verfolgt auch die in folgender Textstelle zitierte Lehrerin, indem sie ihr Vorgehen ausdrücklich mit dem Bemühen um Enttabuisierung der thanatalen Thematik begründet:

IP: „Aber wir sind alle anschließend ins Krankenhaus, in die Sterbehalle gegangen und haben da Abschied genommen. Hat er dann also gelegen und es wollte jeder Schüler mit. Das war auch noch mal so ’ne ziemliche Verantwortung für uns, weil wir irgendwie dann auch mal

> so dachten, ob wir überhaupt wissen, was wir da tun und ob die auch wissen, wofür sie sich entschieden haben. Also (ihn) tot liegen zu sehen. Aber im Nachhinein, es war richtig. (...) Und dann anschließend in der Schule noch mal (in) so einem gemütlichen Kreis drüber geredet und dann hat uns das aber noch tagelang beschäftigt. Also, normal, normaler Schulalltag war einfach nicht drin. Haben (...) also jedenfalls versucht, mit den Schülern das aufzuarbeiten. Das nicht (...) zu verschweigen oder irgendwie zu tabuisieren. (Interview P, 5.36)

Hier findet ein Abschied am aufgebahrten Leichnam des verstorbenen Mitschülers statt und ermöglicht somit ein sehr unmittelbares Erleben des Todes. In dem Bewusstsein für die besondere, mit dem Gang zur Sterbehalle verbundene Verantwortung entscheidet sich die Lehrkraft für diesen Schritt, da sie zunächst intuitiv von seiner Richtigkeit überzeugt ist. Rückblickend betrachtet und durch die Einbettung in die anschließende Aufarbeitung des Erlebnisses in der Klasse erfolgt eine positive Bewertung des Rituals. Auch hier ist sowohl der Aspekt der eigenen Trauerbewältigung als auch die Begleitung der trauernden Schülerinnen und Schüler offensichtlich, der in den Aktivitäten in angemessener Form berücksichtigt wurde.

Die Bedeutung von Ritualen für die prozesshafte Trauerbewältigung wird an folgenden zwei Textstellen deutlich:

IP: „Und er (...) kriegt auch einen ganz tollen Grabstein und wir sammeln alle mit, weil er ganz furchtbar teuer ist. Einen blauen. Halt so ein sternenblau, wo dann auch irgendwelche Sterne dann draufkommen und die mit dem Glauben, die finden das nicht so gut, weil das zu viel Sterne irgendwie sind." (Interview T, 7.26)

IP: „Ja, dass wir immer (zum Friedhof) hingegangen sind. Das war das ganze nächste Schuljahr. Wir sind einmal im Herbst hingegangen und dann sind wir im Frühjahr noch mal hingegangen und dann noch mal vor dem Sommer, als denn eben noch andere Kinder in die Grundschule gingen und wo ich wusste, die Klasse verändert sich. Und dass wir dann da noch mal zusammen einfach sein wollten. Und dieses Bilderbuch, das haben wir, wie lang war das, bestimmt acht Wochen und dann wirklich jede Woche dran gearbeitet. Das war schon 'ne ganze Zeit. Das war von den Sommerferien bis zu den Herbstferien und dann noch ein bisschen danach." (Interview I, 15.32)

Die erste Textstelle bezieht sich auf die Gestaltung des Grabsteins als Memento, der in einer der Persönlichkeit des verstorbenen Schülers entsprechender Weise gestaltet wird. Die finanzielle Beteiligung der in der Schule Hinterbliebenen zeigt zum einen die Verbundenheit mit dem Verstorbenen über dessen Tod hinaus und zum anderen das Bedürfnis das Grab als Ort des Gedenkens mitzugestalten.

Zwei weitere Aspekte des prozesshaften pädagogischen Umgangs mit der Trauer der Kinder finden sich in der anschließenden Aussage. Hier werden regelmäßige Unterrichtsgänge zum Friedhof und die didaktische Aufarbeitung des Todes durch den Einsatz eines thematischen Bilderbuches benannt. Der mehrmalige Besuch des Grabes des verstorbenen Kindes zu verschiedenen Jahreszeiten dient zum einen der Erinnerung an den Mitschüler und ist zum anderen von gemeinschaftsfördernder Funktion für die Gruppe der trauernden Kinder und Lehrer*innen. Der gemeinsame letzte Besuch der Klasse vor ihrer Neuzusammensetzung ca. ein Jahr nach dem Tod des Schülers verdeutlicht außerdem, dass die gemeinsame Trauer auch ein gruppendynamischer Prozess ist, wenn Kindern die Chance gegeben wird, gemeinsam zu trauern.

Die Bearbeitung des Todes durch den Einsatz eines Bilderbuches ist ein weiterer Aspekt des Umgangs mit der Trauer von Kindern. Der Vorteil der methodisch-didaktischen Verwendung themenbezogener Bilderbücher besteht darin, dass die in ihnen vorhandene Symbolik Möglichkeiten eröffnet „für Gesprächsanlässe und einen quasi non-direktiven Umgang mit Themen, die zu verbalisieren Schülern oft so schwer fällt" (SCHUBERT 1996, 20). Die intuitive Aufnahme und Verarbeitung von Bildern und Symbolen entspricht gerade in der Primarstufe dem kindlichen Denken in Sinneszusammenhängen. Die Frage, ob es sich bei dem Einsatz des Kinderbuches um ein Ritual im schulpädagogischen Sinne handelt, ist an dieser Stelle zu bejahen. So stellt die Verwendung des Buches an sich sicherlich noch kein Ritual dar, sondern ist zunächst als unterrichtsmethodisches Element zu begreifen. Ritualhaften Charakter erhält der Einsatz erst dann, wenn er regelmäßig stattfindet, von allen Schülerinnen und Schülern gemeinsam gestaltet wird und über die Beschäftigung mit dem Buch hinaus Anregung für die kreativ-emotionale Auseinandersetzung mit dem Erlebnis des konkreten Verlustes bietet. Aus den Aussagen der Lehrerin geht hervor, dass diese Teildimensionen von Ritualen in der Beschäftigung mit dem gewählten Kinderbuch umgesetzt wurden.

Aus den letzten Interviewaussagen lässt sich die Bedeutung des Einsatzes von Ritualen nicht nur in der unmittelbaren Situation nach dem Tod eines Kindes, sondern auch für die prozesshafte Bewältigung der Trauergefühle ableiten. Hierbei ist der Rückgriff auf unterschiedliche Rituale für unterschiedliche Phasen der Trauer sinnvoll. Nur wenn diese verschiedenen Zusammenhänge beachtet werden, können Rituale in pädagogisch sinnvoller Weise und den Bedürfnissen der Trauernden entsprechend entwickelt und gestaltet werden.

Den differenzierten Ausführungen der Interviewten zum Einsatz thanataler Rituale in der Klasse können nur mittelbare Aussagen von Lehrkräften gegenübergestellt werden, die auf einen nicht-ritualisierten Umgang mit Tod und Trauer schließen lassen.

Folgende Aussage einer Lehrerin kann als eindeutig nicht-ritualisierte Form der Auseinandersetzung mit dem Tod eines Schülers interpretiert werden.

IP: „Ich hab's ihnen dann halt auch einfach gesagt und hab' gewartet, was passiert. Ich muss sagen, ich bin den Schülern sehr dankbar gewesen, die noch sehr kindlich damit umgehen und einfach alles, was ihnen dazu in den Kopf kommt, rraussprudeln. Das hat mir viel geholfen, dass ich solche Schüler hab'. Weil meine großen Schüler, die älter sind, die haben das einfach bedrückt aufgenommen. Aber so meine kleinen Schüler, die fingen halt an zu reden. Also, (...) so ganz banale Sachen, was man ihnen gar nicht übel nehmen kann." (Interview A, 10.33)

Die Darstellung der Lehrkraft zeigt einen wenig zielgerichteten Umgang mit der Thematik, dessen vorrangige Absicht die Weitergabe der Information des Todes zu sein scheint. Das Vorgehen zeichnet sich durch persönliche Hilf- und methodisch-didaktische Planlosigkeit aus, da sie über keinerlei Strategien verfügt, Reaktionen der Kinder zu antizipieren und pädagogisch aufzufangen. Die kindlichen Reaktionen werden ausschließlich unter dem Aspekt der eigenen Bewältigung der emotional belastenden Situation interpretiert und die Notwendigkeit der pädagogischen Unterstützung und Begleitung der Kinder zunächst nicht wahrgenommen. Im weiteren Interviewverlauf werden die der Information der Mitschülerinnen und Mitschüler über den Tod vorausgehenden Gedanken der Lehrkraft thematisiert.

IP: „Und meine Schüler sind so offen, deswegen helfen die einem damit umzugehen. Also, gerade die Kleinen, die sprechen halt drüber und dadurch hat man auch das Gefühl, sie verarbeiten das von selber. Aber wenn die jetzt nicht drüber sprechen würden, dann hätte ich also, das war meine Angst so, wenn die jetzt gar nicht das nur hinnehmen und nichts sagen, so. Was haben die für Ängste? Haben die Ängste?" (Interview A, 12.21)

Hier kann die Tatsache erneut kritisch gesehen werden, dass die Unbekümmertheit und Direktheit des Umgangs der Kinder mit dem Tod ihres Mitschülers der Lehrerin in dieser Situation geholfen haben. So gilt es als pädagogische Aufgabe von Lehrkräften, die Kinder in ihrer Trauer pädagogisch zu begleiten und zu unterstützen und nicht umgekehrt! Gerade Kinder im Grundschulalter sind in besonderer Weise auf die Hilfe von Erwachsenen in ihrem Trauerprozess angewiesen. Nur eine solche Sicherheit ermöglicht es Kindern, sich angstfrei mit ihren Gefühlen auseinanderzusetzen.

Es ist zu vermuten, dass die Entwicklung und Gestaltung von Ritualen sowohl Lehrerinnen und Lehrern Handlungssicherheit und Orientierung geben können als auch für die Kinder hilfreich zur Entfaltung von äußeren, sicherheitsspendenden Strukturen sein können. Hierfür ist die Kenntnis von Todeskonzepten bei Kindern unterschiedlicher Alters- und Entwicklungsstufen notwendig, da sich nur auf der Grundlage dieses Wissens angemessenes pädagogisches Handeln umsetzen lässt.

Eher hypothetisch bewertet der in folgendem Absatz zitierte Lehrer den Nutzen von Ritualen in der schulischen Trauerarbeit:

IP: „Ich meine, gedacht den Fall, ist es möglich, dass da einige Kollegen hilflos mit umgehen. Für die wäre es (Rituale) sicher sinnvoll. Aber ich selbst würde das wohl nicht in Anspruch nehmen, weil ich denke mal, man ist da so individuell auf die Klasse eingestellt, die Schüler. Man hat ein Gespür dafür, was kann ich denen jetzt zumuten, was kann ich denen bieten und wo reagieren sie wie drauf. Etwas festgelegt ist nie. (...) Und jetzt direkt zu sagen: ‚Das musst du erzählen und (das) darfst du nicht', das geht ja gar nicht. Entweder es sind ähnliche Schüler drin oder sensible Schüler oder unsensible Schüler, da muss man ja wirklich das sich zurechtschneiden." (Interview M, 11.31)

Zunächst fällt auf, dass der zitierte Lehrer für sich selbst Hilflosigkeit und Unsicherheiten im Umgang mit der thanatalen Thematik nicht erwähnt, was letztendlich auch die Einschätzung begründet, nicht auf haltgebende Formen angewiesen zu sein. Den Äußerungen liegt außerdem ein Ritualverständnis zugrunde, das von starren und unveränderlichen Strukturen ausgeht, die im Falle seiner Anwendung in Rezeptform umzusetzen sind. Ähnlich wie in der eher ablehnenden Aussage einer bereits zitierten Lehrerin ist auch hier die Notwendigkeit offensichtlich, eine gründliche Auseinandersetzung mit Ritualen vor allem unter dem Aspekt ihrer Veränderungsfähigkeit zu führen.

In der bereits erwähnten Untersuchung wurden die Lehrkräfte auch nach ihrer Einschätzung der Bedeutung von Ritualen gefragt:

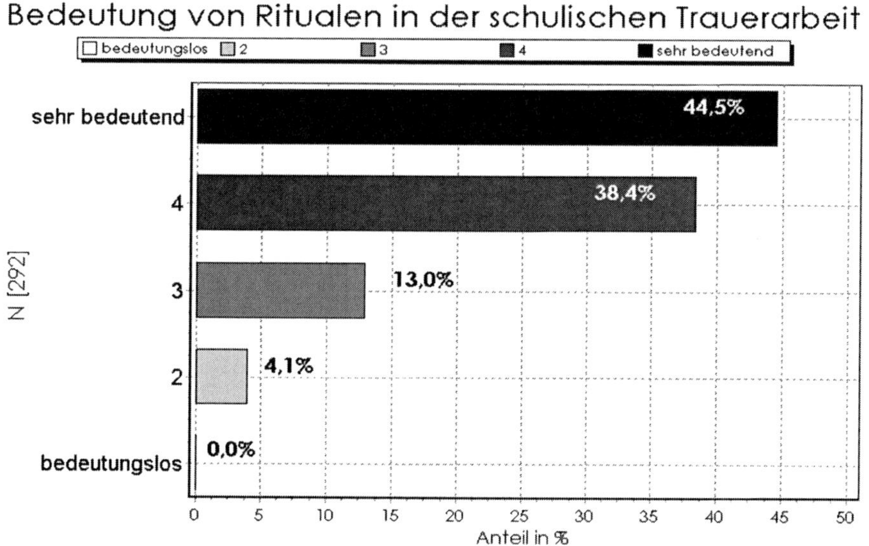

Abb. 7 Bedeutung von Ritualen in der schulischen Trauerarbeit

44,5 % der befragten Lehrkräfte schätzen Rituale in der schulischen Trauerarbeit als sehr bedeutend und 38,4 % als bedeutend ein. Dieses Ergebnis entspricht der in den vorangegangenen Einzelaussagen insgesamt äußerst positiven Einschätzung von Ritualen für den schulpädagogischen Umgang mit Tod, Abschied und Trauer.

6.3 Handlungsleitlinien für die Schulpraxis

Rituale können helfen, Abschied und Trauer in der Gemeinschaft der Schule bewusst und somit unterstützend und hilfreich zu gestalten. Die theoretischen Ausführungen haben darauf hingewiesen und die Aussagen der Lehrerinnen und Lehrer haben dies zum Großteil bestätigt. Aus diesem Grund werden nun einige Rituale vorgestellt, die in der schulischen Trauerarbeit gestaltet und eingesetzt werden können. Diese sind lediglich als Anregungen zu verstehen, anhand derer Formen des Abschieds und der Trauer entwickelt werden können, die auf die spezifische Situation der Schule und der dort trauernden Kinder, Jugendlichen und Erwachsenen zugeschnitten sind.

Die Entwicklung und der Einsatz von Ritualen in der schulischen Trauerarbeit können den um ein Kind oder einen Erwachsenen trauernden Hinterbliebenen in der Schule dazu verhelfen, ihrer Trauer Ausdruck zu verleihen. Sie geben Raum für die einen Verlust begleitenden Emotionen. Hierbei sprechen symbolische Formen der Trauer ausdrücklich auch Kinder und Jugendliche mit kommunikativen oder kognitiven Einschränkungen an und erschließen diesen Möglichkeiten des Ausdrucks ihrer Trauer. Die gemeinsame rituelle Gestaltung des Abschieds stärkt den Zusammenhalt innerhalb der Klassen- und Schulgemeinschaft und vermittelt somit Geborgenheit und Sicherheit in einer emotional verunsichernden Situation. Verschiedene Rituale lassen sich außerdem in unterschiedlichen Phasen des Trauerprozesses einsetzen, sollten je nach Bedürfnis der Trauernden verändert werden und können auch das bewusst gestaltete Ende eines Trauerprozesses markieren.

Rituale sollten von schulorganisatorischen Aspekten des Umgangs mit Todesfällen abgegrenzt werden. Diese sollten im Rahmen thanatopädagogischer Schulentwicklung gesondert diskutiert und für alle in der Schule Tätigen transparent festgelegt werden. Hierzu gehören verbindliche Absprachen zu internen und externen Informationswegen über den Tod eines Schülers oder einer Schülerin, Absprachen zu formalen Aspekten eventueller Todesanzeigen, grundsätzliche Absprachen zur Möglichkeit der Teilnahme an der Beerdigung und zur Durchführung schulinterner Trauerfeiern etc.. Diese strukturellen Aspekte scheinen zunächst äußerst banal, können aber dazu verhelfen, in der häufig als Krise erlebten unmittelbaren Situation nach einem Todesfall Sicherheit durch klare Handlungsleitlinien zu erfahren. Vor dem Hintergrund dieses organisatorischen Leitfadens können dann individuell initiierte Abschieds- und Trauerrituale entstehen. Einige strukturelle Aspekte weisen bereits Elemente rituellen Handelns auf und gehen somit über rein organisatorische Leitlinien hinaus.

Aufgrund der Erfahrungen verschiedener Schulen, die mit Todesfällen konfrontiert waren und den eigenen Untersuchungen des Autors lassen sich folgende organisatorische Handlungsleitlinien für den schulischen Umgang mit Todesfällen empfehlen:

Das Kollegium wird bei einem Trauerfall im Rahmen einer kurzen Besprechung vor Unterrichtsbeginn, in der Pause *und* durch einen Aushang im Lehrerzimmer informiert.

Die Klassenlehrerinnen und -lehrer benachrichtigen die Schülerinnen und Schüler ihrer Klassen über den Todesfall. Außerdem wird eine schriftliche Information ausgehängt, zu der eine Kerze und ein Blumenstrauß aufgestellt werden.

Es wird an einem öffentlichen Platz in der Schule ein Kondolenzbuch ausgelegt.

Ein Raum der Schule wird als „geschützter Raum" angeboten, den alle Kinder und Erwachsenen aufsuchen können. Ein oder zwei Mitglieder des Kollegiums und je nach Verfügbarkeit Psycholog*innen und Seelsorger*innen halten sich dort für Gespräche bereit. Meditative Musik und Texte werden dort zur Verfügung gestellt.

Die Schule veröffentlicht einen Nachruf in der Zeitung.

In der Schule oder einer von der Schule mitgenutzten Kirche findet vor der Beerdigung eine Abschiedsfeier statt.

Die Klassenlehrerinnen und -lehrer entscheiden, in welcher Form sie mit ihren Klassen den Todesfall thematisieren. Geeignete Materialien werden von der Schule zur Verfügung gestellt.

Sinnvoll ist es, für die Einzelaspekte dieser schulischen Handlungsleitlinien verantwortliche Lehrkräfte zu wählen, die im Bedarfsfall für deren Durchführung bzw. Organisation Sorge tragen.

Entgegen der zum Teil vorherrschenden Sichtweise auf Rituale, die vor allem ihre scheinbare Starre und Unbeweglichkeit kritisieren, beinhaltet das hier zugrunde gelegte Ritualverständnis Raum für persönliche und individuelle Ausgestaltungen von Abschied und Trauer. Die Möglichkeit, sich mit den eigenen Bedürfnissen in die Gestaltung von rituellen Handlungen einzubringen, ermöglicht es auch der Thematik eher ängstlich oder distanziert gegenüberstehenden Personen, Rituale anzunehmen und an ihnen teilzuhaben. Je enttabuisierter und angstfreier die Einstellungen des Einzelnen zu Sterben und Tod sind, umso kreativer, mutiger und ausdrucksstärker können thanatale Rituale gestaltet werden. Trotz unterschiedlicher themenbezogener Ausgangslagen der Teilnehmenden können Rituale somit gemeinsames Trauern ermöglichen und durch diese Gemeinsamkeit inhaltliche Annäherungen voranbringen. Die positiven Einschätzungen der zum Erleben von Ritualen befragten Lehrkräfte in der zitierten Studie entsprechen eindeutig dieser Bewertung. Die hier zusammenfassend dargestellten Aspekte beziehen sich sowohl auf die Schülerinnen und Schüler als auch auf die Lehrkräfte einer Schule. Die Lehrerinnen und Lehrer tragen die Verantwortung dafür, dass die gemeinsam entwickelten Rituale den Bedürfnissen der Kinder auch tatsächlich entsprechen. Außerdem müssen sie ihre eigenen Kompetenzen ausreichend reflektiert haben, um den gestalteten Trauerprozess und die damit einhergehenden Emotionen in einfühlender Weise begleiten und auffangen zu können. Denn:

Alle Beteiligten benötigen in existentiell bedrohlichen Situationen angesichts des Todes sicherheitsspendende Strukturen und einen vertrauten Rahmen.

Für möglicherweise weitere, schwer erkrankte Mitschülerinnen und Mitschüler können Abschieds- und Trauerrituale von besonderer Bedeutung sein. So erleben sie, dass an verstorbene Kinder und Jugendliche nach ihrem Tod gedacht wird und dass die Hinterbliebenen in der Schule um sie trauern. Sie können somit ein sicheres Gefühl entwickeln, auch nach ihrem Tod nicht vergessen zu werden und auch weiterhin eine wichtige Rolle in der Gemeinschaft der Schule zu spielen.

Die nachfolgend aufgezählten Rituale bieten lediglich eine Auswahl der differenzierten und umfangreichen Möglichkeiten rituellen Handelns in der schulischen Trauerarbeit. Weitere Rituale finden sich z. B. in den Büchern von WIESE (2003), PAULS/SAMNECK/WIESE (2003), SPECHT-TOMANN/TROPPER (2000) und WEBER/WIRTZ (2019). Ziel dieser abschließenden Darstellung ist die exemplarische Benennung von Ritualen, die in der thanatopädagogischen Praxis hilfreich und unterstützend sind. Sie sollen in dem vorliegenden Rahmen als Anregungen für ritualisierte Formen der Trauerarbeit in der Schule dienen.

Die Gestaltung von Orten der Erinnerung

Ein Platz, der mit dem verstorbenen Kind oder Jugendlichen im Zusammenhang steht oder sich an einem zentralen Punkt der Schule befindet, wird als Erinnerungsort gestaltet, der den Bedürfnissen der Trauernden und der Person des Verstorbenen entspricht. Hierbei kann es sich auch um den Platz handeln, an dem über den

Todesfall informiert wird. Zur Ausgestaltung sind Blumen, ein schwarzes oder farbiges Tuch als Unterlage, Fotos des Verstorbenen, eine Kerze und Erinnerungstexte denkbar. Mitschülerinnen und Mitschüler sowie die Lehrkräfte können dort Gegenstände, die sie mit der/dem Verstorbenen verbinden, Abschiedsgeschenke, eigene Werke des Verstorbenen oder selbstgeschriebene Abschiedsbriefe hinterlassen. Der Ort sollte über mehrere Tage bedürfnisorientiert gestaltet und verändert werden können.

Auch in der Klasse des Kindes kann auf seinem Platz eine Kerze aufgestellt werden und dieser sollte zunächst nicht neu besetzt werden. Allerdings ist zu empfehlen, nur eine Stelle in der Schule als besonderen Gedenkort zu gestalten, damit auch die Möglichkeit der entlastenden Beschäftigung mit Alltagsaktivitäten bestehen bleibt. Die Wahl für den Platz des Erinnerungsortes kann der Klassengemeinschaft des Schülers oder der Schülerin obliegen.

Die Abschiedsfeier der Schulgemeinschaft

Beschließt eine Schule im Rahmen ihrer Handlungsleitlinien bei Todesfällen die Gestaltung einer Abschiedsfeier für die verstorbene Schülerin oder den verstorbenen Schüler, so kann diese als Ritual gestaltet werden. Die Verantwortung für die inhaltliche Planung und Durchführung sollte bei den unmittelbar betroffenen Mitschülerinnen, Mitschülern und Lehrkräften liegen. Zu den gestalterischen Elementen kann die Auswahl eines im Zentrum der Feier stehenden Fotos oder einer Collage von Fotos des Verstorbenen, die Auswahl der Musik und der vorgetragenen Texte und Gedichte gehören. Es besteht die Möglichkeit, eine stille Gedenkminute durchzuführen und jedes Kind vor dem Foto des/der Verstorbenen ein Teelicht anzünden zu lassen. Diese Kerzen können auch als Spirale zu dem Foto hinführend aufgestellt werden. Der zyklische Charakter der Spiralform kann sowohl den Lebensweg des/der Verstorbenen als auch den Trauerprozess der Hinterbliebenen symbolisieren.

Eine Spirale lädt ein, den eigenen Trauerweg zu entdecken.

(PAULS/SAMNECK/WIESE 2003, 62)

Die Schulleiterin oder der Schulleiter und/oder je nach Bedürfnis Klassenlehrerin oder Klassenlehrer sollten die Feier moderierend begleiten, indem sie aus dem Leben und über das Sterben des Kindes oder Jugendlichen berichten, rahmengebend in die Veranstaltung einführen sowie die Schulgemeinschaft behutsam wieder in den Alltag entlassen.

Die Ludwig-Guttmann-Schule in Karlsbad hat eine Struktur für eine Erinnerungsfeier entwickelt, die unter dem Motto „Spuren" folgendermaßen begründet wird:

„Niemand geht ohne Spuren.

Unsere verstorbenen Schülerinnen und Schüler vergessen wir nicht.

Die Trauer ihrer Familien bleibt.

In ihrem kurzen Leben haben sie Spuren aufleuchten lassen.

Um uns zu erinnern, ihnen zum Gedenken und um sie zu würdigen,

machen wir zusammen mit ihren Familien diese Erinnerungsfeier"

(WEBER/WIRTZ 2019, 107 f.).

Die folgende Ablaufstruktur für die Erinnerungsfeier ist bei WEBER/WIRTZ (2019, 108 f.) ausführlich beschrieben und mit beispielhaften Textbausteinen hinterlegt:

Tab. 5 Ablauf einer Erinnerungsfeier
(vgl. WEBER/WIRTZ, 2019, 108 f.)

Thema: Spuren	
1. Instrumentalstück (während sich die Gäste setzen)	Adagio, Nr. 4, Mozart Nr.4
2. Begrüßung	
3. Sololied	z.B. Gabriele Hartmann: „Gib mir Töne, zu verstehen“
4. Ansprache	Hier Spruch der Einladung aufnehmen
5. Klangschalen-Meditation	Mit Stille und Worten, hinführend zur Aktion, anschließend Stille
6. Aktion	Gestaltung von Fußspuren zu dem verstorbenen Kind, Musikalische Begleitung: z.B. Robert Haig: „The silent Path, section 2-5, Nr. 9“
7. Gemeinsames Lied	z.B. Eckhart Bücken, Reinhold Horn „Spuren aus Licht“
8. Wünsche vortragen	Im Sinne von Fürbitten
9. Sololied	z.B. Amanda McBroom: „The Rose“1
10. Gemeinsames Lied (im Kreis stehend gesungen)	z.B. Kiko Argüello: „Resucitó Alèluya“
11. Einen Segen oder gute Wünsche aussprechen	Im Kreis
12. Überleitung und Abschluss	
13. Eintragen in das Erinnerungsbuch	

Eine Gedenkminute

Neben einer Gedenkminute im Rahmen der Abschlussfeier kann diese auch als Durchsage für alle Klassen zu Beginn eines Unterrichtstages stattfinden. Auf jeden Fall sollte einer Gedenkminute die mündliche Information durch die Klassenlehrkraft vorausgehen, sodass diese am Besten erst am nächsten Morgen stattfinden sollte. Der zuständige Klassenlehrer oder die Klassenlehrerin des verstorbenen Kindes und bei verstorbenen Lehrkräften die Schulleitung sollte die Gedenkminute ansagen, in der beispielsweise Musik gespielt werden kann und in den einzelnen Klassen eine Kerze angezündet wird. Ein vorformulierter Abschluss, der auch in Form eines Gebetes möglich ist, sollte einen Übergang zur Tagesarbeit bilden. Es ist darauf zu achten, dass die Gedenkminute nicht mit Klassenarbeiten oder sonstigen wichtigen Aktivitäten einzelner Klassen kollidiert, sondern dass diese entsprechend später beginnen.

Die Beerdigung

Die Teilnahme an der Beerdigung sollte – ebenso wie die anderen Abschiedsrituale – auf dem Prinzip der Freiwilligkeit der Teilnehmenden beruhen. Für die angemessene Begleitung der Kinder ist eine ausreichende Anzahl erwachsener Bezugspersonen notwendig. Neben der Teilnahme an der Bestattungszeremonie können nach Absprache mit den Eltern des/der Verstorbenen die Mitschülerinnen, Mitschüler und Lehrkräfte auch aktiv an der Gestaltung der Beerdigungsfeier mitwirken. So können Texte verlesen, Lieblingslieder des/der Verstorbenen gesungen oder gestaltete Erinnerungsobjekte in der Nähe des Sarges aufgestellt werden. Auf diese kann in den Ansprachen der Beerdigungsfeier Bezug genommen werden. Das Ablegen von Blumen oder selbst bemalten Steinen am Sarg oder auf dem Grab schafft die Möglichkeit des individuellen Abschiednehmens für die Teilnehmenden und eröffnet auch nichtsprechenden oder kommunikationsgehemmten Kindern und Jugendlichen Möglichkeiten des Ausdrucks ihrer Trauer. Auch weitere Grabbeigaben wie persönliche Abschiedsbriefe und Geschenke sind denkbar. Diese können im Rahmen der Vorbereitung auf die Beerdigung in der Klasse gestaltet werden und sind somit Bestandteil der individuellen sowie kollektiven Trauerbewältigung.

Prozessorientierte Rituale

In der prozessorientierten Trauerbewältigung gilt es auf Grund individueller Trauerprozesse, Rituale mit besonderer Sensibilität für die Bedürfnisse der Trauernden zu gestalten. Auf der Ebene der Klasse ist es empfehlenswert, ein Erinnerungsobjekt (z.B. Foto, Lieblingsspielzeug etc.) des/der Verstorbenen in der Klasse zu belassen. So können die Schülerinnen und Schüler selbst entscheiden, wann sie diesen Gegenstand anfassen oder ansehen möchten und er bleibt zunächst Teil der Klassengemeinschaft. Auch die ritualisierte Auseinandersetzung mit einem themenbezogenen Kinder- oder Jugendbuch sowie andere symbolische Formen der kreativen Auseinandersetzung mit dem Verlust und der damit verbundenen Trauer sind sinnvoll (z.B. Traumreisen, Malen nach Musik, Entspannungsübungen). In Verbindung mit dieser Auseinandersetzung können Besuche am Grab, das dortige Säen von Blumensamen oder Ablegen von Geschenken der bewussten, enttabuisierten Trauerbewältigung und Wiederanpassung an ein Leben ohne den/die Verstorbenen/Verstorbene dienen.

Auf der Ebene der Schule kann im Rahmen regulär stattfindender Schulgottesdienste oder bei Schulfesten in unterschiedlichster Form (Gebet, Gedicht, Foto) des/der Verstorbenen gedacht werden. Dies kann in relativer zeitlicher Nähe zu dem Tod des Schülers oder der Schülerin (z.B. in Anlehnung an das katholische Sechswochenamt), zum Jahrestag des Todes oder in der Woche des Geburtstages de/der Verstorbenen geschehen.

Ein „Sternenhimmel“ der Erinnerung erstrahlt in der Kapelle.

(PAULS/SAMNECK/WIESE 2003, 35)

Schule sollte neben einer Feierkultur auch eine Trauerkultur etablieren, vor allem dann, wenn Trauer immer mehr aus dem ‚normalen' Leben verdrängt wird und den Schülerinnen und Schülern kaum Trauerformen zur Verfügung stehen, in denen sie sich ausdrücken können. In diesem Sinne schaffen Rituale als Bestandteil thanatopädagogischer Schulentwicklung Ausdrucksformen für die Gefühle der Trauer in der hinterbliebenen Schulgemeinschaft, in die sich die einzelnen Personen ihren Bedürfnissen und Möglichkeiten entsprechend einbringen können. Trotz der Unterschiedlichkeit der Trauergefühle und der mit diesen verbundenen individuellen Umgangsweisen mit Tod und Verlust ist somit unterstützende Solidarität und Gemeinschaft in Schule möglich.

7. Schlussbemerkung

In diesem Buch sind Wege vorgestellt worden, die Themen Sterben, Tod und Trauer in der Schule zu enttabuisieren. Schwierigkeiten in der Beschäftigung mit der Thematik wurden benannt, aber auch Möglichkeiten und Chancen, die eine pädagogische Auseinandersetzung für Kinder in der Grundschule bietet. Im Mittelpunkt stand hierbei nicht, konkrete Vorschläge für die Gestaltung von Unterricht zu unterbreiten, sondern zu überlegen, wie die Schulkultur einer Schule so ausgestaltet werden kann, dass existentielle Fragen einen Raum bekommen. Zudem wurde thematisiert, welche Bedeutung Teamarbeit von Lehrkräften für eine gelingende und angstfreie Auseinandersetzung hat und warum Rituale hilfreiche Begleiter in der Gestaltung des Trauerprozesses sein können.

Abschließend kann festgehalten werden, dass dann, wenn Schulen Thanatopädagogik zu einem ihrer Schwerpunkte erklären, sie bedeutende pädagogische und entsprechend ihrem Bildungsauftrag auch gesellschaftliche Aufgaben erfüllen. Zum einen schaffen sie einen Lebens- und Lernort, an dem sich kranke und gesunde Kinder mit ihren jeweiligen Fragen und Bedürfnissen in Bezug auf Abschied, Sterben und Trauer aufgehoben, begleitet und ernst genommen fühlen. Zum anderen tragen sie zur Enttabuisierung dieser Phänomene in der nachwachsenden Gesellschaft bei. Erleben Kinder in der Schule einen offenen und in das Leben integrierenden Umgang mit thanatalen Themen, so tragen sie diese Erfahrung auch in außerschulische Kontexte und leisten somit einen bedeutenden Beitrag zu einem sich verändernden gesellschaftlichen Umgang mit Sterben, Tod und Trauer.

Lieber Gott,

der kleine Junge ist tot.

Ich werde weiter eine rosa Dame bleiben, aber ich werde nie wieder Oma Rosa sein. Die war ich nur für Oskar.

Er ist heute Morgen gestorben, während der halben Stunde, die ich mit seinen Eltern einen Kaffee trinken war. Er hat es ohne uns getan. Ich glaube, dass er diesen Moment abgewartet hat, um uns zu schonen. Als wolle er uns den Schrecken ersparen, ihn gehen zu sehen. Eigentlich ist er es gewesen, der über uns gewacht hat.

Mein Herz ist voller Trauer, mein Herz ist schwer, Oskar wohnt in ihm, und ich kann ihn nicht daraus vertreiben. Ich muss meine Tränen für mich behalten, jedenfalls bis heute Abend, weil ich meinen Kummer nicht messen möchte mit dem unermesslichen seiner Eltern.

Vielen Dank, dass du mich Oskar hast kennenlernen lassen. Dank seiner war ich fröhlich, ich habe Märchen erfunden, ich wurde sogar zu einer Expertin im Catchen. Dank seiner habe ich gelacht und Freude empfunden. Er hat mir geholfen, an dich zu glauben. Ich bin so voll Liebe, dass es mich verbrennt, hat er mir doch so viel davon gegeben, dass sie mich die paar Jahre, die mir noch bleiben, erfüllen wird.

Bis bald

Oma Rosa

P.S. Die letzten drei Tage hatte Oskar ein Schild auf seinen Nachtisch gestellt. Ich glaube, es ist für dich. Es stand drauf: ‚Nur der liebe Gott darf mich wecken'."

(Aus: *Oscar und die Dame in Rosa* von Eric-Emmanuel Schmitt)

Literatur

Amuat, R. (2001) (Hrsg.). Last minute. Der Tod macht auch vor der Schule nicht Halt. 3. Auflage, Zürich.

Bauer, J. (2003). Persönliche und institutionelle Risikofaktoren für Depression und Burnout bei Lehrkräften. In: Bayrischer Lehrer- und Lehrerinnenverband (Hrsg.). Arbeitsbelastung in Schulen. München, 9–12.

Berg, C./Vennemann, N. (2014). „Wer bereichert hier eigentlich wen?". Hospiz in der Grundschule: ein Projekt des Hospizdienstes Dorsten. In: Wegleitner, K./Blümke, D./Heller, A./ Hofmacher, P. (Hrsg.). Tod – Kein Thema für Kinder? Ludwigsburg, 107–122.

Breuer, A. (1989). Bewältigungsformen von Sterben und Tod. Köln.

Brumann, U./Knopff, H. J./Stascheit, W. (1998). Projekt Tod. Materialien und Projektideen. Mülheim an der Ruhr.

Daut, V. (2011). Über Sterben und Tod mit betroffenen Kindern und Jugendlichen reden. In: Deutscher Kinderhospizverein e. V. (Hrsg.). Lebenskünstler und ihre Begleiter. Ludwigsburg, 97–106.

Deutscher Hospiz- und PalliativVerband e. V. (2013). Grundsätze der Kinder- und Jugendhospizarbeit. URL: https://www.dhpv.de/tl_files/public/Service/Gesetze%20und%20Verordnungen/Grundsaetze%20Kinder-%20und%20Jugendhospizarbeit.pdf (Letzter Zugriff: 19.01.2021).

Deutscher Hospiz- und PalliativVerband e. V. (2017a). Abschied nehmende Kinder. Eine Handreichung des DHPV. Berlin. URL: https://www.dhpv.de/tl_files/public/Service/Broschueren/Broschu%CC%88re_AbschiednehmendeKinder_Ansicht.pdf (Letzter Zugriff: 13.01.2021).

Deutscher Hospiz- und PalliativVerband e. V. (2017b). Wissen und Einstellungen der Menschen in Deutschland zum Sterben –Ergebnisse einer repräsentativen Bevölkerungsbefragung im Auftrag des DHPV. URL: https://www.dhpv.de/tl_files/public/Aktuelles/presseerklaerungen/3_ZentraleErgebnisse_DHPVBevoelkerungsbefragung_06102017.pdf (Letzter Zugriff: 19.01.2021).

Deutsches Ärzteblatt (2020). Coronapandemie. Psychische Gesundheit von Kindern verschlechtert. Heft 8. 340–341.

Deutsches Krebsforschungszentrum/Krebsinformationsdienst (2016). Krebszahlen und Statistiken. URL: https://www.krebsinformationsdienst.de/tumorarten/grundlagen/krebsstatistiken.php#inhalt2 (Zugriff: 13.01.2021).

Duden (1999). Das Fremdwörterbuch. Augsburg.

Durlak, J. A. (2003). Die Veränderungen von Einstellungen zu Sterben und Tod durch Unterrichtsveranstaltungen. In: Wittkowski, J. (Hrsg.). Sterben, Tod und Trauer. Stuttgart. 211–225.

Erdheim, M. (2001). Ritual und Reflexion. In: Caduff, C./Pfaff-Czarnecka, J. (Hrsg.). Rituale heute. Theorien – Kontroversen – Entwürfe. 2. Auflage, Berlin. 165–178.

Feldmann, K. (1997). Sterben und Tod. Sozialwissenschaftliche Theorien und Forschungsergebnisse. Opladen.

Feldmann, K. (2004). Tod und Gesellschaft. Wiesbaden.

Feller, F./Gabauer, A. (2005). Zu den Auswirkungen thanatopädagogischer Arbeit in der Schule. Unveröffentl. Examensarbeit für das Lehramt Sonderpädagogik an der Universität Oldenburg.

Fischer, N. (1997). Wie wir unter die Erde kommen. Sterben und Tod zwischen Trauer und Technik. Frankfurt a.M..

Fischer, N. (2001). Zur Geschichte der Trauerkultur in der Neuzeit. In: Herzog, M. (Hrsg.). Totengedenken und Trauerkultur. Geschichte und Zukunft des Umgangs mit Verstorbenen. Stuttgart. 41–57.

Göhlich, M. (1998). Lehrer/innen, Schulkinder, Eltern. Zur Professionalität eines pädagogischen Bermuda-Dreiecks. In: Voß, R. (Hrsg.). SchulVisionen. Theorie und Praxis systemisch-konstruktivistischer Pädagogik. Heidelberg. 134–147.

Gronemeyer, R./Heller, A. (2014). In Ruhe sterben. Was wir uns wünschen und was die moderne Medizin nicht leisten kann. München.

Gudjons, H. (1996). Der Verlust des Todes in der Modernen Gesellschaft. Wie wir das Sterben, Trauern und Leben wieder finden. In: Pädagogik 48, H. 9, 6–13.

HAGE – Hessische Arbeitsgemeinschaft für Gesundheitserziehung e. V. (2003). Abschied. Mit Kindern über Leben und Sterben nachdenken. Kassel.

Hahn, A. (1968). Einstellungen zum Tod und ihre soziale Bedingtheit. Stuttgart.

Halbe, B./Wurm, B. (2004). Mit Kindern Tod und Trauer erleben – Begleitung und Trauerarbeit mit lebensbedrohlich erkrankten Kindern und Jugendlichen. In: Verband Sonderpädagogik (Hrsg.). Kinder und Jugendliche mit begrenzter Lebenserwartung – welchen Beitrag muss die Schule leisten können? Würzburg, 25–29.

Happe, B. (1998). Zur Lage der anonymen Bestattung in Deutschland. In: Friedhof und Denkmal, 43. Jg., Heft 2 /1998, 39–54.

Hein, C. (2003). Mama ist gegangen. Frankfurt a. M..

Heller, A./Wegleitner, K. (2017). Sterben und Tod im gesellschaftlichen Wandel. In: Bundesgesundheitsblatt 2017, 60:11–17. DOI 10.1007/s00103-016-2484-7.

Hensel, E. (2015). Lehrerin und Lehrling (Begleiterin) sein. Ein Erfahrungsbericht aus dem Schulalltag. In: Deutscher Kinderhospizverein e. V. (Hrsg.). Immer wieder neu …. Geduld, Staunen Zuversicht. Ludwigsburg, 246–260.

Hillmann, T./Jennessen, S. (2018). Konsequente Orientierung an den Bedürfnissen des Einzelnen. Pädagogisches Kompetenzprofil in Anlehnung an den Deutschen Qualifikationsrahmen (DQR). In: Droste, E. (Hrsg.). Die zweite Geige spielen, damit der Solist sich entfalten kann. Subjektorientierung und gelingende Kommunikation in der Kinder- und Jugendhospizarbeit. Der hospiz verlag. Gütersloh, 221–235.

Hinz, A. (1995). Schulkultur ist Lebenskultur. Ein Plädoyer für Rituale in der Schule. In: Pädagogik 4/1995, 18–22.

Hirschberg, C. (2003). Wie Kinder trauern – Kinder in ihrer Trauer begleiten. Stuttgart.

Holtappels, H. G. (2003). Schulqualität durch Schulentwicklung und Evaluation. München.

Hospizbewegung Düren-Jülich e. V. (2014) (Hrsg.). Hospiz macht Schule. Ein Kurs-Curriculum zur Vorbereitung Ehrenamtlicher im Umgang mit Tod und Trauer in Grundschulen. Ludwigsburg.

Howe, J. (1989). Das Sterben als Gegenstand psychosozialer Alternsforschung. 2. Auflage, Stuttgart.

Hunger, A. (2020). Kind und Tod. Bücherkatalog 2020/2021. 29. Aufl., Krumbach.

Huschke-Rhein, R. (1998). Systemische Erziehungswissenschaft. Pädagogik als Beratungswissenschaft. Weinheim.

IGSL (Internationale Gesellschaft für Sterbebegleitung und Lebensbeistand) (1999). Mit Kindern sterben lernen. Bingen.

Itze, U./Plieth, M. (2016). Tod und Leben. Mit Kindern in der Grundschule Hoffnung gestalten. Donauwörth.

Jäger, M. (2003). Todesanzeigen – Alltagsbezogene Bedeutungsaushandlungen gegenüber Leben und Tod. Zürich.

Jennessen, S./Kastirke, N. (2002). Schulqualität durch Schulberatung. Externe Beratungskonzepte als Instrument der Qualitätssicherung. Hamburg.

Jennessen, S. (2006). Schule, Tod und Rituale. Systemische Perspektiven im sonderpädagogischen Umgang mit Sterben, Tod und Trauer. 2. Auflage, DIZ-Verlag Oldenburg.

Jennessen, S./Gabauer, A./Feller, F. (2006). Mehr als Faktenwissen – existentielle Fragen als Thema in der Förderschule. In: Zeitschrift für Heilpädagogik 09/2006.

Jennessen, S./Bungenstock, A./Schwarzenberg, E. (2011). Kinderhospizarbeit. Konzepte, Erkenntnisse, Perspektiven. Kohlhammer Verlag Stuttgart.

Jennessen, S. (2015). Schulische Inklusion von Kindern und Jugendlichen mit lebensverkürzender Erkrankung. In: Die Hospiz-Zeitschrift, 4/2015, 9–13.

Jennessen, S./Alber, L./Fellbaum, K. (2020). „Ich glaube schon, dass es wichtig ist, den Betroffenen in irgendeiner Form eine Stimme zu geben." Teilhabe und Selbstbestimmung bei Menschen mit geistiger und schwerer Behinderung am Lebensende. In: Teilhabe, Ausgabe 4, 59. Jahrgang, S. 140–146.

Kaiser, A. (1994). Statt Sendung mit der Maus – viele Stunden mit Wüstenrennmäusen für Aussiedlerkinder. In: Sachunterricht und Mathematik in der Primarstufe 22. Jg. 1994, H. 5, 228–231.

Kaiser, A. (1998). Praxisbuch Handelnder Sachunterricht. Band 2. Hohengehren.

Kaiser, A. (2000). 1000 Rituale für die Grundschule. Hohengehren.

Kiper, H. (2001). Einführung in die Schulpädagogik. Weinheim/Basel.

Körblein, H. (2008). Ein Platz bleibt leer – Begleitung einer Klasse im Trauerprozess. In: Deutscher Kinderhospizverein e. V. (Hrsg.). Begleiten – Abschiednehmen – Trauern. Kinder mit lebensverkürzender Erkrankung. Düsseldorf. 74–84.

Krieger, D. J./Belliger, A. (2003). Einführung. In: Krieger, D. J./Belliger, A. (Hrsg.). Ritualtheorien. Ein einführendes Handbuch. 2. Auflage, Wiesbaden. 7–34.

Kriz, W.C./Nöbauer, B. (2003). Teamkompetenz. Konzepte, Trainingsmethoden, Praxis. 2. Auflage, Göttingen.

Leyendecker, C./Lammers, A. (2001). „Lass mich einen Schritt alleine tun". Lebensbeistand und Sterbebegleitung lebensbedrohlich erkrankter Kinder. Stuttgart.

Lorion, R. (2005). Understanding and responding to violence against children and families. Unveröffentlichter Vortrag am 05.04.2005 an der Universität Oldenburg.

Marschner, C. (2003). „Jetzt kann sie tanzen!". Eine andere Bestattungskultur entwickeln. In: Dr. med. Mabuse, 28. Jg., Nr. 143, 38–40.

Methner, A./Melzer, C./Popp, K. (2013). Kooperative Beratung. Stuttgart.

Mischke, M. (1996). Der Umgang mit dem Tod. Berlin.

Nassehi, A./Weber, G. (1989). Tod, Modernität und Gesellschaft. Opladen.

Niedersächsisches Schulgesetz (NSchG) in der Fassung vom 3. März 1998. Zuletzt geändert durch Artikel 1 des Gesetzes vom 10. Dezember 2020 (Nds. GVBl. S. 496). URL: file:///C:/Users/Anwender/AppData/Local/Temp/Nds._Schulgesetz_Lesefassung__zuletzt_gendert_durch_Artikel_1_des_Gesetzes_vom_10._Dezember_2020-2.pdf (letzter Zugriff: 28.01.2021).

Nijs, M. (1999). Trauern hat seine Zeit. Abschiedsrituale beim frühen Tod eines Kindes. Göttingen.

Oelkers, J. (2003). Wie man Schule entwickelt. Eine bildungspolitische Analyse nach PISA. Weinheim.

Ortmann, M. (1995). Progredient erkrankte Schüler als schulpädagogische Herausforderung für die Körperbehindertenpädagogik. In: Zeitschrift für Heilpädagogik 4/1995, 160–167.

Ortmann, M./Jennessen, S. (2003). Schulpädagogisches Coping angesichts progredient erkrankter Kinder und Jugendlicher – zum pädagogischen Umgang mit Tod, Sterben und Trauer in der Schule. Bericht zum Forschungsprojekt. Oldenburg. URL: http://oops.uni-oldenburg.de/1739 (Letzter Zugriff: 09.02.2021).

Papenburg, S. (2015). Jonas, ich habe viel von dir gelernt. Begleitung eines an einem Hirntumor erkrankten Schülers. In: Deutscher Kinderhospizverein e. V. (Hrsg.). Immer wieder neu…. Geduld, Staunen Zuversicht. Ludwigsburg, 261–270.

Pauls, C./Samneck, U./Wiese, A. (2003). Rituale in der Trauer. Hamburg.

Philipp, E. (1998). Teamentwicklung in der Schule. Konzepte und Methoden. 2. Auflage, Weinheim.

Piper, H. (1996). Rituale im Aufwind. In: Grundschule 11/1996, 48–49.

Platvoet, J. (2003). Das Ritual in pluralistischen Gesellschaften. In: Krieger, D.J./Belliger, A. (Hrsg.). Ritualtheorien. 2. Auflage, Wiesbaden. 173–190.

Ramachers, G. (1994). Die Entwicklung von Todeskonzepten beim Kind. Frankfurt a. M..

Reuter, S. (1994). Tod und Sterben – ein Thema für den Schulunterricht. Frankfurt a. M..

Röseberg, F. (2017). „Musst du jetzt sterben?“ – Kinder und Jugendliche als Angehörige von Sterbenden. In: Bundesgesundheitsblatt 2017, 60:82–88, DOI 10.1007/s00103-016-2471-z.

Ruf-Werner, C./Schuster, I. (2014). „Hospiz macht Schule“: Erfahrungen des Hospizdienstes Gräfeling. In: Wegleitner, K./Blümke, D./Heller, A./Hofmacher, P. (Hrsg.). Tod – Kein Thema für Kinder? Ludwigsburg, 123–137.

Sax, M./Visser, K./Boer, M. (1993). Begraben und Vergessen? Ein Begleitbuch zu Tod, Abschied und Bestattung. Berlin.

Schmeichel, M. (1983). Probleme der Förderung von Kindern und Jugendlichen mit progredienten Erkrankungen. In: Haupt, U./Jansen, G. (Hrsg.). Handbuch der Sonderpädagogik. Band 8. Pädagogik der Körperbehinderten. Berlin. 221–230.

Schmidbauer, W. (2002). Helfersyndrom und Burnout-Gefahr. München/Jena.

Schmitt, E.-E. (2005). Oscar und die Dame in Rosa. Frankfurt a. M..

Schley, W. (1990). Wissenschaftliche Begleitung als Team-Supervision. In: Schuck, K. D. (Hrsg.). Beiträge zur Integrativen Pädagogik. Hamburg, 138–166.

Schnoor, H. (2004). Qualitätszirkel an Sonderschulen. In: Schnoor, H./Rohrmann, E. (Hrsg.). Sonderpädagogik: Rückblicke, Bestandsaufnahmen, Perspektiven. Bad Heilbrunn. 163–171.

Schroeder, J./Hiller-Ketterer, I./Häcker, W./Klemm, M./Böpple, E. (2000). Liebe Klasse, ich habe Krebs. 2. Auflage, Tübingen.

Schubert, T. (1996). Symbolik für Tod und Sterben im Bilderbuch – eine Hilfe für die thematische Arbeit mit progredient erkrankten Schülern im Unterricht der Schule für Körperbehinderte. In: Sonderpädagogik in Schleswig-Holstein, Heft 1/1996, 20–35.

Schulgesetz für das Land Nordrhein-Westfalen (Schulgesetz NRW – SchulG). Vom 15. Februar 2005 (GV. NRW. S. 102) zuletzt geändert durch Gesetz vom 1. September 2020 (SGV. NRW. 223). URL: https://bass.schul-welt.de/6043.htm#1-1p2 (Letzter Zugriff: 28.01.2021).

Schumacher, J. (2003). Gemeinsam statt einsam. Teamarbeit in der Schule für Körperbehinderte. In: Fachverband für Behindertenpädagogik Landesverband Nordrhein-Westfalen e. V. (Hrsg.). Körperbehindertenpädagogik. Praxis und Perspektiven. Gladbeck, 194–208.

Specht-Tomann, M./Tropper, D. (2000). Wir nehmen jetzt Abschied – Kinder und Jugendliche begegnen Sterben und Tod. 3. Aufl., Düsseldorf.

Stalfelt, P. (2003). Und was kommt dann? Das Kinderbuch vom Tod. 4. Auflage, Frankfurt a. M..

Student, J.-C. (1999). Die Hospiz-Betreuung von Kindern. In: Student J.-C. (Hrsg.). Das Hospiz-Buch. Freiburg im Breisgau. 4. Auflage. 93–96.

Stuttkewitz, D. (2015). Ein Sarg. In: Deutscher Kinderhospizverein e. V. (Hrsg.). Immer wieder neu.... Geduld, Staunen Zuversicht. Ludwigsburg, 126–136.

Thomas, C. (1994). Berührungsängste? Vom Umgang mit der Leiche. Köln.

Unverzagt, G. (2004). Erzähl mir was vom Sterben! Mit Kindern über den Tod sprechen. Stuttgart.

Wachtel, P./Wittrock, M. (1990). Aspekte der Kooperation von Grundschullehrern und Sonderschullehrern. In: Zeitschrift für Heilpädagogik 41, 263–271.

Wagner, B. (1987). „Das ist eben so". Schulische Rituale aus psychoanalytischer Sicht. In: Westermanns Pädagogische Beiträge, 7/8-1987, 23–25.

Wass, H. (2003). Die Begegnung von Kindern mit dem Tod. In: Wittkowski, J. (Hrsg.). Sterben, Tod und Trauer. Stuttgart, 87–107.

Weber, K./Wirtz, P. (2019). Krankheit, Tod und Trauer in der Schule. Eine Praxishilfe zum achtsamen Umgang. Weinheim.

Wegleitner, K./Blümke, D./Heller, A./Hofmacher, P. (2014) (Hrsg.). Tod – Kein Thema für Kinder? Ludwigsburg.

Weiland, S. (2004). Die Brücke zu den Sternen. Kinderhospize als Lebensbegleiter. In: Das Band, 4/2004. 12–15.

Westera B./Van Straaten, H. (2001). Seinen Opa wird Jan nie vergessen. Oldenburg.

Wiese, A. (2003). Um Kinder trauern. Eltern und Geschwister begegnen dem Tod. 2. aktualisierte Auflage, Gütersloh.

Witt-Loers, S. (2014). Jugendlichen in ihrer Trauer Raum geben. In: Wegleitner, K./Blümke, D./ Heller, A./Hofmacher, P. (Hrsg.). Tod – kein Thema für Kinder? Ludwigsburg, 29–41.

Wittkowski, J. (1990). Psychologie des Todes. Darmstadt.

Wrede, E. (2018). The End. Das Buch vom Tod. 3. Auflage, München.

Ziehe, T. (1987). Für inszenierte Ereignisse und gegen die symbolische Verödung der Schule. In: Westermanns Pädagogische Beiträge 7/8 – 1987, 16–19.

Zingrosch, A. (2002). Tod – (K)ein Thema in den Lehrplänen und Lehrbüchern für den Katholischen Religionsunterricht. Frankfurt a. M..

Relevante Websites

https://www.bundes-hospiz-akademie.de
https://www.hospizmachtschule.de/
https://www.hospiz-verlag.de/services/arbeitsmaterialien/
https://www.deutscher-kinderhospizverein.de/

Anhang

Informations- und Unterrichtsmaterial zu Corona für die Grundschule

Recherchestand: Januar 2021[1]

	Material	Inhalt
1	Deutsche Gesetzliche Unfallversicherung (DGUV) ——— **Hygieneregeln – Mach mit! https://www.dguv-lug.de/primarstufe/soziale-kompetenz/hygieneregeln-mach-mit/**	Die Unterrichtsmaterialien (Lernspiele, Videos, Infotexte) erklären Schülerinnen und Schülern drei wesentliche Regeln zur Eindämmung des Coronavirus: Abstand halten, Hände waschen und Mund-Nase-Bedeckung tragen. Die Materialien sind differenziert einsetzbar und eignen sich für den Präsenzunterricht wie auch für das Homeschooling.
2	*Institut für Hygiene und Öffentliche Gesundheit am Universitätsklinikum Bonn* ——— **Hygienetipps für Kids** https://hygiene-tipps-fuer-kids.de/	Ziel dieser Initiative ist es, grundlegende, wissenschaftlich fundierte Verhaltensregeln zur Vermeidung von Infektionskrankheiten im direkten Umfeld der Kinder zu ritualisieren, so dass sie die Kinder das ganze Leben lang begleiten. Alle an der Gesundheitserziehung beteiligten Personenkreise werden dabei mit einbezogen. Die Materialien (Bücher, Poster, Arbeitsblätter, Hygienekoffer) sind größtenteils kostenpflichtig.
	Hygiene-Tipps für Kids – Der Film	Es geht in diesem Film um die Darstellung der Technik des Händewaschens. (Kostenlos auf Youtube abrufbar)
	Corona-Mitmachbüchlein	Die kostenlosen Ausmal- und Bastelbögen zum selbst ausdrucken sollen Kindern (3–6 Jahre) Mut im Umgang mit COVID-19 machen.
	Toilettentipps für Kids	Tipps zum „richtigen“ Verhalten auf der Toilette und Erläuterungen einiger Alltagsbegriffe. In Deutsch, Farsi und Deutsch/Arabisch kostenlos verfügbar.
	Die leuchtende Hand	In dem Bilderbuch erfahren Kinder, was Bakterien sind und warum es so wichtig ist, sich regelmäßig die Hände zu waschen. Zusätzlich zur Bildergeschichte werden in einem Sachteil wichtige Aspekte des Händewaschens beleuchtet.

[1] Selina Schmitt sei für die Recherche und Zusammenstellung der Materialien herzlich gedankt!

	Praktische Empfehlungen zur Händehygiene	Kostenloser Download *eines* Kapitels aus „Händewaschen – bringt das was?“ In dem Buch werden praktische Empfehlungen für die Vermittlung einer guten Händehygiene in der Gesundheitserziehung im Vor- und Grundschulalter vermittelt.
	Wann muss ich mir Sorgen machen?	Ein Ratgeber von Kinderärzten für Eltern von Kindern mit Atemwegsinfektionen.
	Poster frei zum Download verfügbar	– „Corona, nein danke!“ (Poster mit den wichtigsten Hygienemaßnahmen) – „... und so wirds gemacht!“ (Technik-Poster zum Händewaschen in Dt., Dt./Türkisch und Engl.)
	Der Hygienekoffer	Mit diesem Experimentier-Koffer werden Übertragungswege von Krankheitserregern simuliert. Der Koffer ist aus Kunststoff und enthält eine Schwarzlichtröhre für den Netzbetrieb. Im Koffer sind „Gucklöcher" und „Handöffnungen", die das Betrachten der Hände im Innern des Koffers ermöglichen.
3	**Logo!-Themenseite: Das Coronavirus** https://www.zdf.de/kinder/logo/coronavirus-418.html	Das Coronavirus, seine Ursachen und Folgen in vielen Filmen kindergerecht aufbereitet und erklärt von Logo!
4	Die Sendung mit der Maus **Ralphs Antworten zu Corona** https://kinder.wdr.de/tv/die-sendung-mit-der-maus/av/video-ralphs-antworten-zu-corona--kann-ein-pups-das-coronavirus-uebertragen-100.html	Erklärvideos zur Nies-Etikette, Mundschutz, Hamsterkäufen u. v. m.
5	**Quiz „Tragen der Mund-Nase-Bedeckung** https://learningapps.org/watch?v=pwipr9g7520	Digitales Quiz zum Tragen der M-N-B mit Multiple-Choice-Fragen.
6	**Quiz „Was ist beim Händewaschen richtig, was falsch?“** https://learningapps.org/watch?v=pjfhetn0t20	Bei diesem digitalen Quiz zum richtigen Händewaschen müssen Aussagen den Seiten „richtig“ bzw. „falsch“ zugeordnet werden.
7	**Bewegte Kinder – Schlaue Köpfe** https://bildung.ukrlp.de/sicherheit-gesundheitsschutz/sport-bewegung/schule/aktuelle-projekte/bewegter-unterricht-und-bewegte-pause/	In dem Buch sind Anregungen enthalten, Bewegung fächerübergreifend in den Unterricht zu integrieren. Unter Berücksichtigung der aktuellen Pandemie-Situation wurden die Spielideen angepasst. (Frei verfügbar)

8	**Unicef: Corona Hinweise für Lehrer_Grundschule** https://www.unicef.de/informieren/materialien/unterrichtsmaterial-covid-19	Downloadmaterial (2 Seiten) als Hilfestellung für Lehrerinnen und Lehrer um mit Kindern über die Corona-Pandemie sprechen zu können (COVID-19). (Frei verfügbar)
9	Kerstin Breuer --- **Corona-Wissen** https://www.matobe-verlag.de/Unterrichtsmaterialien/Sachunterricht/Wissen/kerstin-breuer-corona-wissen.html	Wissenskartei: 17 Begriffe rund um das Coronavirus kindgerecht erklärt • Wissensquiz: Quizkarten passend zur Kartei inkl. Lösungskarten • Bild- und Wortkarten für eine anschauliche Unterrichtsgestaltung • Karten zur übersichtlichen Kennzeichnung von Aufstellern im Klassenzimmer
10	**Verlag an der Ruhr: Schulaushänge** https://www.verlagruhr.de/corona-keiner-darf-zurueckbleiben/	• Hinweisschilder zum Thema Hygiene- und Vorsichtsmaßnahmen in Sachen Corona • Digitales Material zu den Hygiene- und Vorsichtsmaßnahmen • Merk-Poster zum richtigen Händewaschen und Schutz vor Infektionen (Frei verfügbar)
11	**Unterrichtsmaterial von „Gesund macht Schule“** https://www.gesundmachtschule.de/lehrer/schulmaterial-corona	• Materialsammlung (Arbeitsblätter) zur Sensibilisierung der Kinder für das Thema Hygiene • Klassenzimmer-Plakat zu den Hygiene-Regeln (Frei verfügbar)
12	**Noch Fragen zu Corona?** Infopaket Primarstufe https://www.gemeinsamlesen.at/corona	Materialien: (Frei verfügbar) Aushang: Maske auf! • Aushang: Liebe Eltern! Ab hier schaffen wir es allein • Material: Situationskarten • Was passiert beim Covid-19-Test? • Corona-Testungen (Comic 1) • Corona-Testungen (Comic 2) • Material: Alltag mit Corona (Geschichten für die 1. und 2. Schulstufe) • Kopiervorlage: Abstand halten • Kopiervorlage: Fußabdruck • Kopiervorlage: Maske auf! • Material: Praktische Übung • Material: Experiment • Der Händewaschen-Song (Audio) • Poster: Gesund bleiben (zur Bestellung) • Poster: Hände waschen (zur Bestellung) • Poster: Mund und Nase schützen (zur Bestellung)

13	**Merkblatt: Gute Hygienepraxis beim pädagogischen Kochen mit Kindern** https://sw-stiftung.de/neuigkeiten/einzelansicht/unser-neues-hygienemerkblatt-gemeinsam-kochen-aber-sicher-und-hygienisch	Das Merkblatt ist mit den Behörden der amtlichen Lebensmittelüberwachung aller deutschen Bundesländer abgestimmt. Es dokumentiert erstmals eine bundesweit einheitliche Position zur geltenden Rechtslage bezüglich der Hygiene bei Angeboten praktischer Ernährungsbildung in Bildungs- und Betreuungseinrichtungen Empfehlungen und praktische Tipps für eine gute Hygienepraxis beim pädagogischen Kochen.
14	Usch Luhn **Wir sind auch mit Abstand klasse! – Eine Corona-Schulgeschichte** https://www.buecher.de/shop/schulromane/wir-sind-auch-mit-abstand-klasse-eine-corona-schulgeschichte/luhn-usch/products_products/detail/prod_id/59767916/	Fünf ganz unterschiedliche Kinder erleben den Corona-Alltag in der Grundschule. Das Coronavirus (SARS CoV 2) und die Krankheit COVID-19 haben den Alltag aller Kinder stark verändert. In dieser Schulgeschichte können die Kinder sich und ihre Erfahrungen mit der neuen Situation auf positive Weise wiederfinden.
15	Susanne Bohne **Wilma Wochenwurm erklärt: Wir halten alle zusammen! Ein Corona Kinderbuch über Solidarität und Beschränkungen** https://www.hugendubel.de/de/buch--kartoniert/susanne-bohne-wilma-wochenwurm-erklaert-wir-halten-alle-zusammen-ein-corona-kinderbuch-ueber-solidaritaet-und-beschraenkungen-39038422-produkt-details.html	Kindgerecht und mit Mitmach-Seiten (z. B. das "Klopapier-Kreuzworträtsel") erklären Wilma und ihre Freunde Kindern in Kita, Kindergarten und Grundschule die Situation in der Corona Krise mit all ihren Beschränkungen – ohne (!) Angst zu schüren –, aber auch, wie wichtig Solidarität und Hilfsbereitschaft besonders in dieser Zeit sind.
16	**Buch Verlag Kempen BVK: Lapbook Corona** https://www.weltbild.de/artikel/buch/lapbook-corona_28106692-1#product-description	Das Material fasst das Wichtigste über das Corona-Virus und seine Folgen kindgerecht zusammen. Durch die selbsterklärende Gestaltung kann es sowohl mit als auch ohne Begleitung bearbeitet werden. Auf diese Weise wird den Kindern ermöglicht, sich eigenständig mit dem Thema auseinanderzusetzen und es zu verarbeiten. Für jeden Themenaspekt gibt es einen leicht verständlichen Infotext, der das grundlegende Wissen altersentsprechend vermittelt. Zu allen Texten sind jeweils passende Falt- und Bastelanleitungen vorhanden, die das Gelesene noch einmal auf kreative Weise aufgreifen und festigen. Schritt für Schritt entsteht so ein individuelles Lapbook mit verschiedenen Aspekten, die übersichtlich und verständlich gesammelt werden.

		Aus dem Inhalt: Was ist Corona? – Wie hat sich das Virus verbreitet? – Epidemie und Pandemie – Wie wird das Corona-Virus übertragen? – So können wir uns vor Corona schützen – Warum ist Händewaschen wichtig? – Darauf muss ich jetzt in der Schule achten – Das wünsche ich mir …
17	Beatrix Wolpers & Tabea Trettin **Die Corona-Krise einfühlsam aufarbeiten – Lösungsorientiertes und individuell einsetzbares Material für die Grundschule** https://www.hugendubel.de/de/buch/beatrix_wolpers_tabea_trettin-die_corona_krise_einfuehlsam_aufarbeiten-39312782-produkt-details.html	Dieses Heft bietet Ihnen Methodenkarten zur inhaltlichen und psychosozialen Aufarbeitung der einzelnen Phasen der Corona-Krise. Das Material ist einfach umzusetzen und individuell zusammenstellbar. Es lässt sich als kompakte Unterrichtseinheit einsetzen, eignet sich aber gleichermaßen zum Lernen in Projekten und kann auch als Express-Variante durchgeführt werden. Die von den Schülern zu bearbeitenden Methodenkarten können am Ende der Einheit von jedem Kind zu einem persönlichen Leporello zusammengestellt werden. So entsteht eine Dokumentation ihrer Krisenbearbeitung, die ihnen später die Möglichkeit eines Rückblicks auf eine Krise gibt, an der sie gewachsen sind.
18	Nicole Brandau & Stefanie Drecktrah **Lesestart mit Eberhart – Lesestufe 4: Sonderband „Das Corona-Virus"** https://www.weltbild.de/artikel/buch/lesestart-mit-eberhart-lesestufe-4-sonderband-das-corona-27989899 -1	In diesem Heft für Erstleser bekommen die Kinder die wichtigsten Informationen über das Corona-Virus. Was ist ein Virus? Wie wird es übertragen? Wie gehen wir damit um? Wie bleiben wir optimistisch?
19	Constanze Steindamm **LESEMAUS 185: Ein Corona-Regenbogen für Anna und Moritz – Mit Tipps für Kinder rund um Covid-19** https://www.buecher.de/shop/grundschule/lesemaus-185-ein-corona-regenbogen-fuer-anna-und-moritz-mit-tipps-fuer-kinder-rund-um-covid-19/steindamm/products_products/detail/prod_id/59403764/	Eine LESEMAUS-Geschichte mit den wichtigsten Tipps für Kinder in der Corona-Zeit! Anna geht normalerweise in den Kindergarten und Moritz in die erste Klasse der Grundschule. Doch nun bleiben sie mit ihren Eltern zu Hause und sollen ihre Freunde nicht treffen – viele Wochen lang. Das liegt an der neuen Krankheit, die sich auf der ganzen Welt ausbreitet. Doch was ist Corona eigentlich?

20	**Sensibilisierung von Grundschülern für die Corona-Regelungen** https://www.weltbild.de/artikel/ebook/sensibilisierung-von-grundschuelern-fuer-die-corona_33940759-1	Unterrichtsentwurf aus dem Jahr 2020 im Fachbereich Didaktik – Sachunterricht, Heimatkunde: Die 45-minütige Unterrichtsstunde ist ausgerichtet auf das Thema „Hilfe Corona! – Was hat sich für uns geändert?". Im Fokus steht hier der Austausch mit anderen Lernenden und die Erkenntnis darüber, dass sie die Zeit während Corona und der Schulschließungen zu einem Teil unterschiedlich (Freizeitgestaltung) und zum anderen Teil ähnlich (Kontaktverbot) verbracht haben. Weiterhin machen sich die Lernenden bewusst, dass sich das Leben seit der Corona-Krise drastisch verändert hat.
21	Priska Wallimann & Marcel Aerni **Corona – Das Virus für Kinder erklärt** https://www.buecher.de/shop/bilderbuecher/corona-das-virus-fuer-kinder-erklaert/wallimann-priska-aerni-marcel/products_products/detail/prod_id/59005610/	Wie erkläre ich meinem Kind, was das Coronavirus mit uns macht? Warum es nicht mehr in den Kindergarten oder die Schule kann? Warum es seine Großeltern nicht mehr sehen darf? Was es selbst tun kann, um sich und andere zu schützen? Auf all diese Fragen gibt dieses Büchlein – auch dank den pfiffigen Illustrationen – nachvollziehbare Antworten.
22	Liane Schneider **LESEMAUS 186: Conni macht Mut in Zeiten von Corona** https://www.buecher.de/shop/grundschule/lesemaus-186-conni-macht-mut-in-zeiten-von-corona/schneider-liane/products-products/detail/prod-id/59436156/	Eine Conni-Geschichte mit kindgerechtem Sachwissen rund um das Thema Corona.
23	Renate Brecht **Wir sehen jetzt alle aus wie Räuber – Ein Kinderbuch über Corona** https://www.buecher.de/shop/bilderbuecher/wir-sehen-jetzt-alle-aus-wie-raeuber-ein-kinderbuch-ueber-corona/brecht-renate/products_products/detail/prod_id/59370737/	Einfühlsam und ohne Angst zu machen werden die Auswirkungen von Corona auf den Alltag erklärt. Mit Tipps zu Verhaltensweisen. Ab 4 bis 11 Jahren. Tim wohnt mit seinen Eltern und den Geschwistern in einer kleinen Stadt. Er geht nicht mehr in die Schule, seine Geschwister dürfen nicht mehr in den Kindergarten. Mama geht nicht mehr arbeiten und alle müssen eine Maske tragen, wenn sie einkaufen gehen. Händewaschen ist plötzlich super wichtig. Oma und Opa dürfen sie nicht mehr besuchen, die Spielplätze sind gesperrt, Schwimmhalle und Kino haben geschlossen. Seine Freunde darf Tim auch nicht mehr treffen. Und schuld daran ist ein winziges Virus namens Corona. Aber es ist auch schön, dass Mama nun zu Hause ist und Papa viel mehr Zeit hat. Es ist eben alles ganz anders.

24	Susan Schädlich **Winziges Leben. Corona und andere Mikroben für Kinder erklärt** https://www.buecher.de/shop/natur--tiere/winziges-leben-corona-und-andere-mikroben-fuer-kinder-erklaert/schaedlich-susan/products_products/detail/prod_id/59202474/	Die Autorin erklärt komplexes Wissen einfach und für Kinder leicht verständlich: Wie man sich schützen kann. Was bei einer Impfung passiert und wie man einen Impfstoff findet. Warum Hygiene wichtig ist. Wer Robert Koch war und was eigentlich der Unterschied zwischen Viren und Bakterien ist. Mit coolem Händewasch-Song und Smartphone-Mikroskop zum Nachbauen. Ein unverzichtbares, von Experten geprüftes Buch mit vielen Bildern für Kinder ab 8 Jahren, für Eltern und Pädagogen.
25	Verena Herleth, Verena Bellmann **Zuhause wegen Corona** https://www.buecher.de/shop/buecher/zuhause-wegen-corona/herleth-verena-bellmann-verena/products_products/detail/prod_id/58988325/	Das Buch greift viele Situationen des momentanen Alltags kindgerecht auf, reflektiert diese und begeistert 3 bis 10-jährige Kinder mit unzähligen Ideen, die sich rund um das eigene Haus ganz einfach umsetzen lassen. Das ERLEBNISBUCH für Kinder, die wegen Corona zuhause sind.
26	Julia Volmert **Händewaschen – ich mach mit oder Wie man sich vor ansteckenden Keimen schützen kann** https://www.buecher.de/shop/bilderbuecher/haendewaschen-ich-mach-mit-oder-wie-man-sich-vor-ansteckenden-keimen-schuetzen-kann/volmert-julia/products_products/detail/prod_id/44168068/	Ein Bilderbuch, in dem einfach und humorvoll erste Hygieneregeln für Kinder erklärt werden. So lernen schon kleinere Kinder, wie man sich vor ansteckenden Erregern wirkungsvoll schützt.